T0015487

Tu mejor versión

Aprende a gestionar tu imagen para lograr tus objetivos

Roberto Sánchez

VERGARA

Papel certificado por el Forest Stewardship Council®

MIXTO
Papel procedente de
fuentes responsables
FSC® C117695

Penguin
Random House
Grupo Editorial

Primera edición: septiembre de 2022

© 2022, Roberto Sánchez
© 2022, Penguin Random House Grupo Editorial, S. A. U.
Travessera de Gràcia, 47-49. 08021 Barcelona
Diseño de interiores: Eva Arias
Imágenes del interior: iStockphoto / VectorMine, iStockphoto / Maksim Rumiantsev
y Shutterstock / bus109

Printed in Spain – Impreso en España

ISBN: 978-84-18620-88-1
Depósito legal: B-11.740-2022

Compuesto en M. I. Maquetación, S. L.
Impreso en Black Print CPI Ibérica
Sant Andreu de la Barca (Barcelona)

VE 2 0 8 8 1

Este libro está dedicado a mis padres y a todos los que me habéis impulsado a lo largo de mi vida para seguir adelante hasta que conseguí crear mi mejor versión. Gracias.

Índice

Introducción

Si tienes este libro en las manos significa que eres consciente de que necesitas cambiar algo de tu imagen personal o profesional. Te doy la enhorabuena: tomar conciencia de ello es el primer paso para poder actualizar tu imagen y conseguir que cada vez que te mires al espejo veas lo que realmente quieres ver.

Mi propósito a lo largo de estas páginas es transmitirte de una forma sencilla todos los conocimientos que he adquirido a lo largo de los años como asesor de imagen y guiarte para que los apliques y consigas la mejor versión de ti mismo.

El segundo paso, igual de importante que el primero, es emprender la acción. No lo pienses; solo hazlo y prométete a ti mismo que vas a llegar al final de todo el proceso para conseguir que tu imagen se convierta en tu mejor aliada, cueste lo que cueste. Este es un proceso probado. Los buenos resultados de mis clientes se deben a que han llevado a la práctica todos los pasos que aquí detallo. Y si ellos lo han conseguido, tú también puedes.

Este camino que acabas de comenzar requiere un compromiso por tu parte: aunque repartido a lo largo de varias etapas o pasos, tendrás que hacer cierto esfuerzo para salir de donde estás y llegar a donde quieres estar. Ten presente que en cuanto salimos de nuestra zona de confort y llega el momento de cambiar nuestros hábitos, que están tan arraigados (dejar la selección de la ropa para el último momento, un armario lleno, la forma en la que compramos...), nuestra querida mente se encargará de lanzarnos infinidad de excusas para que evitemos comenzar esta actividad, que va a requerirnos un gran esfuerzo. Seguro que muchas de las excusas te suenan, porque la mayoría de ellas nos acuden a la mente en más de una ocasión («No tengo tiempo», «Antes quiero adelgazar», «No quiero invertir dinero», etc.). En el capítulo 1 vamos a identificar cada una de ellas para desmontarlas de forma definitiva.

CÓMO SACARLE EL MÁXIMO PARTIDO A ESTE LIBRO

En muchas ocasiones, la motivación para llevar a cabo un cambio y comprometernos con nosotros mismos disminuye con el tiempo. Para evitarlo, te recomiendo que a medida que vayas leyendo capítulos del libro vayas haciendo los ejercicios o poniendo en práctica las acciones que te propongo. Cada ejercicio terminado, cada acción que lleves a cabo y cada capítulo leído serán un paso más en tu camino hacia la imagen que deseas tener.

Puedes estar seguro de que con estos pasos lograrás la mejor versión de ti mismo, que es precisamente el objetivo de este libro: conseguir la imagen que de verdad te identifica, que tu aspecto sea un reflejo de tus habilidades profesionales y hacerlo con un método sencillo pero muy efectivo, cuyo éxito está probado. A medida que avances en la lectura, irás identificándote con diferentes situaciones y es probable que reconozcas como propios los problemas más habituales con que se encuentran mis clientes a la hora de gestionar su imagen. Justo por estos motivos me gusta hacer referencia a casos de personas reales quienes, igual que tú, un día decidieron que había llegado el momento de ponerse manos a la obra y verse bien ante el espejo. Si ellos lo consiguieron, tú también puedes hacerlo. De hecho, en ocasiones, cuando imparto alguna formación, interviene alguno de mis clientes para que los asistentes puedan ver que se trata de personas como ellos, con un trabajo que atender, una familia de la que cuidar y una vida social de la cual disfrutar.

Espero que este libro te muestre una nueva visión de la imagen, que va mucho más allá de la moda o de las tendencias. Ser consciente del mensaje que transmites con tu imagen te dará una gran ventaja en muchas situaciones, pero además aprenderás a gestionar tu aspecto de forma organizada y correcta, lo que te aportará tranquilidad y mucha seguridad en todas las acciones que emprendas. Siguiendo los pasos que te propongo, en pocos días notarás un cambio importante en tu imagen y en cómo te perciben las personas que te rodean. Este cambio te servirá como base para otros muchos más profundos, que posiblemente requieren más tiempo, pero sin duda la forma más rápida y efectiva para comenzar un cambio es del exterior al interior. Espero que este manual sea el principio de un camino emocionante para ti, cuya meta sea conseguir la mejor versión de ti mismo en muy poco tiempo. Si estás leyendo esto es porque eres consciente de que tu imagen necesita una actualización y estás decidido a conseguirla. ¡Enhorabuena!, porque acabas de sentar la base para crear tu mejor versión.

CAPÍTULO

La importancia de la imagen

Una persona no necesita más de 7-11 segundos para hacerse una idea de quiénes somos y qué podemos aportarle. La llamada «primera impresión» es importantísima: crea un filtro a través del cual nos mirará la persona que tenemos enfrente.

Imagina que te presentas ante una persona y se percata de algún detalle importante de tu imagen que has descuidado (por ejemplo, los zapatos sucios) y decide que eso evidencia que eres una persona dejada y que no presta atención a los detalles. A partir de este momento, esa persona buscará señales en todo lo que hagas para confirmar que, en efecto, eres una persona dejada y poco curiosa. Por tanto, toda tu imagen y el resto de la conversación estarán envueltos por esa supuesta «dejadez». Puede corresponderse o no con la realidad, pero esto ya no estará en tu mano, sino en los códigos de la persona que haya percibido ese detalle en tu imagen.

Esta misma situación podría jugar a nuestro favor si hemos planificado bien nuestra imagen. Supón que nos presentamos por primera vez ante una persona y esta se percata de varios detalles de nuestra imagen, como, por ejemplo, unos gemelos elegantes o un cinturón que combina de forma armónica con el resto de nuestro look. Es muy probable que en este caso nuestro interlocutor asocie estos elementos a la elegancia y a una persona que cuida los detalles.

Desde ese mismo momento, esa persona considerará que somos elegantes y cuidadosos. Pero no solo verá de esta forma nuestra imagen, sino que hará extensiva esta percepción a nuestro discurso, presentación o simplemente a la conversación posterior, que también tendrá connotaciones positivas. Cambiar una primera impresión buena es difícil y tampoco tenemos ningún motivo para querer hacerlo. Pero cambiar una mala primera impresión se convierte en una tarea casi imposible. De alguna forma, tendremos que convencer a nuestro interlocutor con nuestra actitud (e incluso con nuestra imagen en futuros encuentros) de que su primera impresión fue errónea... Y ya sabemos lo poco que nos gusta que nadie nos diga que nos hemos equivocado en la primera idea que nos habíamos forjado sobre una persona. Imagina lo importantes que son estos primeros segundos cuando nos presentamos a una entrevista de trabajo, ante un cliente o ante nuestra audiencia en una reunión. La primera impresión puede ser tu mejor aliada hacia el éxito o bien un empujón importante hacia el abismo del fracaso.

Tu imagen = aspecto + actitud + conocimientos

Como es lógico, en tan poco tiempo la importancia recae sobre nuestra apariencia (un 60 %) y el resto se basa en nuestra actitud (25 %) y nuestros conocimientos (15 %). Estos porcentajes pueden variar según cada situación e incluso según cada persona, de manera que vamos a tomarlos como una simple referencia, con cierta flexibilidad. En cualquier caso, en la determinación de nuestra imagen general el mayor porcentaje siempre recae sobre el aspecto.

Por supuesto, la actitud también es un componente muy importante a la hora de crear una buena primera impresión. Es un refuerzo a esa idea que se ha creado la otra persona sobre quiénes somos y qué podemos aportarle. Por este motivo, cuando conocemos a una persona debemos esforzarnos para que se sienta cómoda con nosotros. Una de las mejores formas de conseguirlo es centrando la atención en ella y no en nosotros.

El tercer componente de nuestra imagen para crear una buena primera impresión son nuestros conocimientos. Os pongo un ejemplo muy gráfico para comprender cómo nuestros conocimientos también forman nuestra imagen y, por ende, la percepción que las demás personas tienen sobre nosotros.

Imagina que asistes a una ponencia sobre un tema que te interesa. Aparece el ponente y su imagen es simplemente correcta, empieza a hablar y también lo hace de forma adecuada. Pero en un momento te das cuenta de lo interesante que es el tema sobre el cual habla, cómo capta tu atención y cómo te transmite información relevante. En este caso, los conocimientos han hecho que tu primera impresión sea muy buena, pero antes, y casi de forma inconsciente, has pasado por tu escáner su imagen y su actitud. Solo cuando estos han pasado el filtro te centras en el contenido, en los conocimientos. Pero imagina que, como te indicaba antes, cuando se sube al escenario ves ciertos detalles en su imagen que te hacen pensar: «Podría haber prestado más atención a la ropa que se pone, sabiendo que viene a dar una conferencia ante tanta gente». En este caso es muy probable que su actitud tampoco termine de convencerte y que el contenido, los conocimientos, tampoco te resulte tan interesante como en el primer caso. A colación de esto, me viene a la mente el caso de un cliente mío:

Ignacio era un ingeniero de treinta y pocos años que había desarrollado una app muy interesante y se disponía a presentarla en una feria para emprendedores y startups tecnológicas con el fin de conseguir un inversor.

Al igual que el resto de los emprendedores que asistían a esta feria con el propósito de materializar su idea de negocio, Ignacio solo disponía de cierto tiempo sobre el escenario para presentar la app y captar la atención de algún posible inversor. Cuando llegó a mi oficina y le pregunté cómo podía ayudarle, me dijo que su objetivo era que los asistentes a la feria de emprendedores no se olvidasen de él, puesto que otros muchos participantes presentarían sus magníficas ideas en ese mismo escenario y por tanto quería que los posibles inversores lo recordasen una vez terminada la presentación.

Tras exponerme todo esto, me dijo que había pensado vestirse con alguna prenda llamativa de tal forma que no se olvidaran de él una vez terminada la presentación. Para conseguirlo tenía en mente utilizar una prenda espectacular, que, según su criterio, le serviría como elemento diferenciador del resto. Tras un par de horas de consultoría de imagen con Ignacio, durante la cual revisamos los cortes de prendas más favorecedores para su morfología corporal, colores, cuáles eran sus objetivos y varios factores más, logré transmitirle la idea de que llevar un jersey muy muy llamativo haría que los asistentes lo recordasen, pero no por el motivo más adecuado. ¿Su objetivo era que los posibles inversores se fijaran en su jersey y lo recordasen para siempre? ¡En absoluto! El objetivo era que se fijaran en su magnífica app; por tanto, teníamos que conseguir una imagen capaz de transmitir un tipo de valores que reforzasen la imagen de Ignacio como emprendedor de éxito y que, una vez pasado el escáner inicial de los asistentes, el foco de atención estuviese centrado exclusivamente en el producto que presentaba y no en su imagen.

Conseguí captar la esencia de Ignacio, su personalidad y los valores que quería transmitir como emprendedor para comunicarlos a través de su imagen. Para la presentación opté por crear una combinación compuesta por un pantalón chino, camisa, americana, cinturón, zapatos básicos de cordones y un reloj con correa de piel. Este complemento era muy importante: Ignacio, a lo largo de su presentación, haría gestos con el brazo y, por tanto, el puño de la camisa subiría ligeramente y permitiría que se viese el reloj. Lo habíamos seleccionado como parte del look durante la consultoría de imagen con el fin de indicar que es una persona que presta atención a los detalles, y esto, sin duda alguna, es una característica muy positiva para un emprendedor tecnológico.

Ignacio integró posteriormente en su armario las prendas que utilizamos para el look el día de la presentación y pasaron a formar parte de su imagen profesional habitual. Además, pudo experimentar las ventajas de gestionar de forma coherente la imagen. Así pues, decidió seguir trabajando conmigo para crear todos los looks necesarios para reforzar su imagen profesional y personal.

Al estar seguro de tener una imagen correcta y vestir las prendas adecuadas, él podía seguir dedicándose a lo que realmente le importaba, que era conseguir su objetivo como emprendedor y olvidarse del resto.

INVIERTE EN TI

La mayor parte de las personas con las que interactúas cada día jamás irán a tu casa para juzgar dónde o cómo vives. Es posible que tampoco vean el coche que tienes ni dónde pasas las vacaciones. Pero todas estas personas te verán a ti, se formarán una idea a partir de tu imagen y tomarán decisiones basándose en esta idea. Invertimos mucho dinero en una vivienda, en un vehículo o incluso en nuestro ocio; por ejemplo, en las vacaciones. Pero a la hora de invertir en nuestra imagen tenemos ciertas reticencias, aunque sea la que va a acompañarnos cada día a lo largo de toda la vida como carta de presentación ante el mundo. Dedicar la cantidad de tiempo y dinero que cada uno pueda o estime oportuno a su imagen es la mejor inversión que puede hacer. Esa inversión nos llevará a conseguir muchas otras metas personales, profesionales y sociales. Toda inversión requiere planificación, tiempo y, al menos, cierto conocimiento, y también contratar a un profesional en esta disciplina. Cuando un profesional te marca las pautas para conseguir tu objetivo, recorres el camino de una forma más segura y más rápida que si decides probar tú mismo mediante ensayo y error.

En mi caso me gusta mucho hacer deporte. Es sorprendente cómo un entrenador personal puede ayudarte a conseguir tus objetivos y hacer más llevadero el proceso. Por supuesto, tienes que comprometerte, debes tener claro que él no va a hacer el esfuerzo por ti y, además, has de entender que se trata de un proceso a largo plazo.

Algo parecido sucede con este manual. Te ayudará en tu proceso de cambio o actualización, te marcará los pasos a seguir y te dará una visión muy diferente de la que tenías hasta el momento sobre la imagen. Pero la mayor parte del esfuerzo y, sobre todo, del compromiso tienen que correr de tu cuenta para que tu inversión sea rentable y obtengas algo a cambio.

La imagen personal

A mis clientes siempre les digo que si están delante del espejo y dudan sobre una combinación de ropa o sobre si un look les queda bien o no, la respuesta es que no; así de simple. No puedes salir de casa con esta duda, sino que debes hacerlo con una sonrisa, porque la última imagen que has visto en el espejo te encanta y hace que de verdad te sientas bien para afrontar el día.

No es necesario tener conocimientos amplios sobre imagen para saber, o al menos intuir, si algo nos queda bien o no. Voy a matizar este punto, puesto que en materia de imagen el autoengaño y la costumbre ejercen un papel muy importante, y en muchas ocasiones pueden ser un autosabotaje que podemos y debemos evitar.

En infinidad de ocasiones la imagen que vemos en el espejo y nuestra propia percepción de esta difieren mucho de la realidad. Es interesante contar con la opinión de un experto para determinar cuál es nuestra imagen actual y qué transmitimos con ella. Este profesional nos dará una visión totalmente objetiva sobre nuestra imagen, pero si esta misma pregunta se la hacemos a un familiar, una pareja o un amigo, la forma en la que nos verá no será objetiva; además, ya tiene formada una imagen nuestra desde hace mucho tiempo y le costará disociarla.

La mayoría de las personas no tienen formación sobre cómo construir su imagen o el camino a seguir para que su imagen sea coherente con su personalidad y con sus objetivos. Esto hace que el ensayo-error se convierta en el método habitual tanto a la hora de comprar como de seleccionar ropa y vestirnos. Sin tener estos conocimientos que nos hacen más fácil mirarnos en el espejo y elegir la ropa con mucha más objetividad que sin ellos, en un determinado momento de nuestra vida tomamos la decisión de que ciertas prendas nos quedan bien y a partir de entonces creamos nuestra imagen habitual, que usamos durante años.

Cada día te miras en el espejo y tu cerebro te identifica con esa imagen. Cuantas más veces nos veamos con la imagen que hemos creado, más se consolidará la visión que tenemos de nosotros mismos y más dirá nuestra mente: «Este sí eres tú».

Pero el problema llega cuando decidimos probar una prenda, un corte de pelo, un tipo de maquillaje o cualquier elemento que no solemos emplear en el día a día o no entra en esa imagen que habíamos creado. En ese momento tu mente te dirá: «No te reconozco», y entonces te entrará la duda sobre si llevarte esa prenda, probar con un nuevo corte de pelo o utilizar otros tonos dentro de tu paleta de maquillaje. Este momento debes tenerlo identificado, ya que a lo largo de tu proceso de actualización de imagen aparecerá en más de una ocasión y será cuando más dudas tengas sobre si estás haciendo lo correcto.

Verás que a lo largo del libro utilizo casi siempre la expresión «actualización de imagen» en vez de «cambio de imagen». Esto se debe a que creo que la mayoría de las personas ya han hecho un gran trabajo con su imagen personal y profesional (todos a lo largo de nuestra vida hemos hecho lo que podíamos para vernos lo mejor posible) y simplemente faltan por matizar ciertos detalles importantes, que es lo que vamos a tratar de conseguir con este manual.

Los cambios radicales están bien para ver fotos del antes y el después, que es cierto que impactan y motivan. Pero a nivel práctico estos cambios extremos, incluso aunque resulten espectaculares, no son recomendables por varias razones. Para empezar, llevas muchísimos años (toda una vida) viendo tu imagen y te identificas con unos rasgos muy característicos para ti. Si tras un cambio radical te miras en el espejo (y recalco que estamos hablando de un cambio radical, que puede ir desde el peinado a operaciones de cirugía estética), es muy probable que este no te guste porque no estás viendo a la misma persona de siempre y, por tanto, no te reconozcas en ella. Lleva cierto tiempo asimilar los cambios que hacemos en nuestra imagen e identificarnos con ellos. Un cambio radical implica una avalancha de colores nuevos que no hemos utilizado jamás, prendas que nunca habíamos probado, un corte de pelo diferente, maquillaje o accesorios que no habíamos visto y que muy difícilmente vamos a procesar.

Además, mantener un cambio de imagen radical en el tiempo e integrarlo en nuestro día a día es muy complicado, ya que no tendremos a nuestra disposición a todos los profesionales que han trabajado en nuestros cambios y muy posiblemente la frustración por no conseguir lo mismo que ellos haga que volvamos a nuestra zona de confort, donde nos estará esperando nuestra imagen anterior, que no requiere ningún esfuerzo por nuestra parte.

En este libro te muestro el proceso de actualización de tu imagen como si fuera una escalera que hay que subir poco a poco. Una vez que estás en el primer peldaño, si los dos pies están dentro y te sientes cómodo, no tendrás la necesidad de volver atrás. Y a partir de aquí ya puedes subir peldaño tras peldaño hasta llegar a lo más alto. El temor al cambio radical es algo que muchos clientes me plantean cuando acuden a mi consultoría de imagen por primera vez. Sin embargo, tras un rato conversando y analizando varios aspectos, les queda claro que lo que vamos a hacer es una actualización de imagen de forma gradual, a veces incluso durante varias temporadas. Así serán capaces de integrar en su vida todos los cambios, todas las sugerencias y todos los elementos nuevos que introduzcamos en la asesoría. Al cabo de un tiempo, ya no les supondrá ningún esfuerzo (porque ya no será una novedad) utilizar un determinado color, un modelo de zapato o unas gafas de sol con una forma específica.

Además de estar dispuesto a invertir tu esfuerzo, también debes ser consciente de que necesitas cierto tiempo para asimilar todo lo que vas a aprender en este libro. Por ejemplo, verás que en el capítulo 2 hablaremos sobre la importancia que tiene dejar la ropa lista antes de irse a la cama (al menos en los primeros días de tu actualización de imagen). Al principio te costará hacerlo, y es lógico. Cada uno tenemos nuestro tiempo de adaptación para convertir una acción nueva en un hábito, pero una vez que esté integrado, lo harás de forma «habitual» y con un esfuerzo mínimo. El tiempo que tardamos en adquirir un hábito es algo particular; lo importante es que adquieras un compromiso firme y que tengas bajo control tu imagen y todo lo que la rodea sin dejar que la mente te frene utilizando excusas no realistas.

Y hablando de excusas no realistas, me gustaría compartir de nuevo contigo las más habituales que he podido identificar para que, de esta forma, cuando tu mente intente de nuevo sabotear tu actualización de imagen evites caer en la tentación de procrastinar y sepas que son solamente pretextos para no comenzar a trabajar en ti. Veamos las más habituales para ir desmontándolas una a una. Hay que intentar que esta vez nuestra mente no nos desmotive.

EXCUSA N.º 1: «AHORA NO ES EL MOMENTO»

Nunca es el momento de comenzar un cambio de hábitos que requiere esfuerzo y compromiso. ¿Acaso existe un momento adecuado para comer de forma saludable y hacer ejercicio? Siempre lo dejamos para el lunes siguiente y de esta forma podemos seguir unos días más en nuestra zona de confort sin hacer ningún esfuerzo (aunque con la conciencia intranquila por saber que no estamos haciendo lo correcto).

Imagina cómo te sentirás dentro de un tiempo si decides no empezar a trabajar en tu imagen, si de una vez no revisas el armario o si no cambias, por fin, tus hábitos de compra de ropa, que asocias a algo divertido y lúdico («Me voy a dar una vuelta a ver qué hay en tal o cual tienda»). ¿Crees que no merece la pena mirarte en el espejo y sonreír porque el reflejo que ves es, en realidad, la imagen que siempre has tenido de ti mismo? ¿O prefieres seguir ignorando que la persona que ves en ese espejo no es la que de verdad te gustaría ser?

¿Acaso saber que tu imagen profesional te hará tener una actitud diferente cada día en tu trabajo no es algo por lo que merece la pena hacer un esfuerzo? Cuando nos miramos en el espejo antes de salir de casa interpretamos lo que vemos. Esta interpretación produce un pensamiento, y este pensamiento, a su vez, un sentimiento, que determinará la actitud con la que nos enfrentaremos al nuevo día. No dudes ni un segundo: el momento perfecto para conseguir la mejor versión de tu imagen es este.

EXCUSA N.º 2: «NO TENGO TIEMPO»

El enorme ahorro de tiempo es una de las mayores ventajas de aprender a gestionar nuestra imagen. Cuando tenemos el armario bien organizado, planificamos con antelación las compras y sabemos qué combinaciones tenemos disponibles para cada ocasión, podemos estar listos en unos minutos, lo que nos dejará mucho más tiempo para dedicar a otras cosas.

¿Cuánto tiempo pasas delante del armario pensando: «¿Qué me pongo?», o durante cuánto tiempo das vueltas por tiendas para ver «si encuentras algo» mientras dejas en manos de la suerte dar con ello o no? Tener nuestra imagen bajo control, conocer qué queremos transmitir a los demás y saber cómo podemos llevarlo a cabo nos supondrá un ahorro de tiempo enorme.

Justo esta es una de las características que tienen en común muchos de mis clientes: saben lo importante que es tener una imagen adecuada, pero no disponen, cada día o cada semana, de un cierto número de horas para dedicarle. El ahorro de tiempo es uno de los beneficios que les ofrezco a través de la asesoría de imagen; tú también puedes conseguirlo con la ayuda de este libro.

EXCUSA N.º 3: «TENDRÍA QUE HABER HECHO ESTO ANTES» (O «SOY DEMASIADO MAYOR PARA CAMBIOS»)

Es posible que antes no tuvieras las necesidades, inquietudes o la forma de ver la vida que tienes ahora. Seguro que tampoco frecuentas el mismo ambiente social ni trabajas en el mismo entorno profesional, y tus expectativas y posibilidades económicas son diferentes a las de ese añorado pasado.

Has recorrido ya varias etapas de tu vida, pero ¿tu imagen ha evolucionado con ellas o se ha quedado anclada mucho tiempo atrás? ¿Cuánto hace que no actualizas tu imagen para que sea acorde a tu momento presente?

A medida que avanzamos en nuestra vida cambian nuestros gustos, nuestro físico también se va modificando, el entorno social no es el mismo y, por norma general, también varían nuestras metas y objetivos.

Por tanto, no eres mayor para conseguir tu imagen perfecta para este momento de tu vida, sino que estás en el momento justo para ponerte a ello y conseguirlo.

EXCUSA N.º 4: «NO QUIERO GASTAR DINERO EN ROPA»

Perfecto. Si sigues los pasos que te indico, no vas a gastar dinero en ropa, sino que vas a invertir en tu imagen; es un matiz muy significativo.

«Gastar» significa «usar el dinero para adquirir alguna cosa o algún servicio», pero «invertir» es «emplear una cantidad de dinero en un proyecto o negocio para conseguir ganancias».

Las ganancias o beneficios que vas a conseguir siguiendo los pasos que te propongo son innumerables, puesto que cada persona consigue un tipo de rentabilidad o beneficio distinto cuando toma la decisión firme de gestionar su imagen. Pero si nos limitamos a la parte puramente económica, puesto que la excusa que nos está poniendo la mente guarda relación con no querer gastar, recuerda la cantidad de dinero que has destinado hasta ahora a ropa que no te has puesto nunca o que has usado en contadas ocasiones. Créeme: hasta que no llevas a cabo una revisión exhaustiva y bien organizada de tus prendas (lo vamos a ver de forma detallada y te diré cómo hacerlo en el capítulo 4), no serás consciente de la cantidad de dinero que tienes «colgado en tu armario» en prendas que no usas nunca y, por tanto, malgastado.

Una de mis máximas es comprar menos, pero comprar mejor. Esto equivale a elegir prendas duraderas (lo cual implica comprar con menor frecuencia), prendas versátiles y fáciles de combinar (por tanto, necesitamos menos cantidad de ropa) y controlar al detalle la inversión que hacemos en ropa sabiendo en qué prendas gastamos nuestro dinero, cuánto invertimos y por qué son necesarias en nuestro armario.

Todo esto se traduce en un ahorro enorme de dinero. Así pues, le hemos rebatido a nuestra mente, con argumentos convincentes, la excusa de «no quiero gastar dinero en ropa», ya que esta inversión inicial es necesaria, pero el retorno y el ahorro serán tangibles en muy poco tiempo.

EXCUSA N.º 5: «YO NO SÉ NADA DE MODA»

Que sepas mucho o poco de moda es irrelevante, puesto que en este libro no vamos a hablar de tendencias, últimas colecciones o de qué se va a llevar la próxima temporada. Vamos a ir mucho más allá: profundizaremos en nuestro propio conocimiento, en cómo mostrar al mundo la parte de nuestra personalidad que queremos enfatizar a través de la imagen.

Nunca nos han enseñado qué colores nos favorecen o qué tipo de corte de prendas es el más indicado para nuestra forma corporal; tampoco nos han mostrado cómo debemos organizar nuestro armario ni cómo crear una imagen profesional acorde a nuestras metas, o la forma de planificar una ruta de compras para toda una temporada.

Cuanto menos sepas de moda, mucho mejor: no tendrás ningún prejuicio y aprenderás conceptos nuevos, surgirán ideas que te harán reflexionar y, además, con los pasos que te muestro, tendrás una guía para conseguir la mejor versión de tu imagen sin necesidad de contar con conocimientos de moda.

EXCUSA N.º 6: «CUANDO ADELGACE EMPIEZO, AHORA NO»

Creo que esta es la excusa con la que más veces me he topado. Tienes que ponerte muy serio y desterrarla de tu mente.

Como ya vimos en la excusa n.º 1, este es el momento y dan igual los kilos que creas que te sobran, del mismo modo que no importan los kilos que tengas pensado adelgazar. Lo único relevante es el momento presente, el ahora.

Uno de los conceptos que trato de transmitir tanto a alumnos como a clientes es que un asesor de imagen no entra a valorar si existen kilos de más o de menos, si el cliente es alto o bajo, ni otras mil características personales que podemos tener. La misión del asesor es conseguir la imagen con la cual el cliente se siente de verdad identificado, lograr su mejor versión, pero no supeditándolo a su físico, sino eligiendo ropa que se adapte a su físico.

Una vez que hayas leído este libro, dispondrás de conocimientos y herramientas suficientes para conseguir la imagen que quieres y convertirás tus características físicas en una ventaja en lugar de un inconveniente. Conocer las particularidades de tu cuerpo hará que comprar ropa sea una tarea mucho más sencilla: sabrás a la perfección qué tipo de corte te favorece y cuál debes evitar, además de muchos otros detalles que veremos más adelante. Todo esto hará que consigas la imagen que deseas sin preocuparte por la talla.

En este momento estarás pensando: «Pero, si cambio de talla, no me servirá la ropa», y efectivamente tienes razón. Sin embargo, vamos a darle la vuelta a este planteamiento: si te pones ahora mismo manos a la obra con tu cambio de imagen, en muy poco tiempo (días) verás una versión muy mejorada de ti mismo en el espejo. Y te aseguro que vernos bien siempre nos motiva a seguir avanzando. Muchos de mis clientes han comenzado con una asesoría de imagen y al cabo de los meses (y de forma progresiva) han empezado a hacer deporte, cuidar la alimentación y, en general, dedicarse más tiempo. Hacerlo bien y de forma coherente requiere bastante tiempo. Sin embargo, una vez que tengas claro el proceso para actualizar tu imagen, solo necesitarás dedicarle unos días. Verás los resultados de inmediato.

Y para cerrar de manera definitiva esta última excusa que nos pone la mente: ¿pierdes los kilos deseados y la ropa empieza a quedarte floja? La opción de ir a una modista para ajustarla está siempre ahí y la inversión será mínima, además de que merecerá la pena por el gran esfuerzo que has llevado a cabo.

Parte de mi responsabilidad es sacar a mis clientes de su zona de confort y mostrarles que no siempre la imagen actual con la cual se sienten identificados es la más correcta. Para ello debemos identificar y analizar sus características físicas, la personalidad y, por supuesto, los valores que les gustaría transmitir con su imagen.

En muchas ocasiones les propongo que se prueben una prenda que no tienen en su armario con un corte y unos colores que son nuevos para ellos. Su primera reacción se hace esperar un rato, porque primero necesitan un tiempo (durante el cual su cerebro les está diciendo: «¿Quién es ese que está en el espejo...? No lleva la ropa que ya conocemos. Hmmm... Raro»). Tras este tiempo les pregunto: «¿Qué tal, cómo te ves?». Y la respuesta suele ser: «Bien, pero no sé... Es que yo nunca habría elegido esta prenda». Aun así, les pido que se la lleven y que traten de usarla.

Créame que cuando vuelvo a ver a mis clientes para la siguiente temporada esa prenda es siempre de las que más han usado y la que termina entre la ropa favorita. Siempre les pido que confíen en mí y que se den un tiempo para integrar las prendas nuevas en su vestidor y en su día a día. De esta forma, la mente se habitúa a la nueva imagen que ve cada mañana en el espejo y en unos días la prenda deja de resultar nueva y pasa a formar parte de la ropa habitual con la que creamos nuestra imagen. A ti te pido lo mismo: confía y date el tiempo necesario, pero, sobre todo, enfréntate a tu actualización de imagen con una mentalidad abierta y teniendo claro que puede que la imagen que siempre has creído que te representaba no es la mejor y que puedes construir una versión muy mejorada.

Llegados a este punto, es muy importante que te deshagas de expresiones del tipo: «A mí nunca me ha gustado este tipo de ropa» o «Yo siempre me he vestido así», puesto que a lo largo de nuestra vida pasamos por diferentes momentos y en cada uno de ellos nuestras circunstancias personales y profesionales cambian. Lo que era una premisa válida para tu ropa hace varios años puede que hoy ya no sea lo más adecuado. A partir de este momento vamos a crear algo nuevo, basándonos en el presente y olvidando todo lo de antes.

Nuestra imagen personal no es la misma en la juventud, en la mediana edad o en la madurez; por eso, es posible que algunas prendas que bajo ningún concepto habríamos utilizado con veinte años sean imprescindibles en nuestro vestidor a medida que pasa el tiempo. No debemos privarnos de esta posibilidad solo porque sigamos empeñados en que como nunca hemos usado ese tipo de ropa ahora tampoco vamos a hacerlo.

Nuestro estilo va evolucionando y formándose con el paso del tiempo, y está influido por nuestras vivencias, situación profesional, circunstancias personales y estilo de vida en general. Debemos ser conscientes de que, llegados a un punto en nuestra vida, es necesario revisar nuestra imagen y todo lo asociado con ella, porque muchas veces nos hemos quedado anclados en el pasado justo por usar expresiones del tipo: «A mí siempre me ha quedado bien» (de nuevo la mente te está diciendo que no la hagas trabajar demasiado porque ya tiene tu imagen creada desde hace tiempo) o «Yo nunca me he puesto ese tipo de prenda» (lógico, puesto que nunca has estado en el momento de tu vida en el que te encuentras ahora y, por tanto, siempre hay una primera vez antes de cualquier cambio).

Uno de los propósitos que persigo al escribir este libro es que tú, como lector, tomes consciencia de varios puntos relacionados con tu imagen que te facilitarán mucho la vida cada día, pero también que interiorices que hacer una inversión en tu imagen será muy beneficioso, puesto que tendrá una repercusión inmediata y te proporcionará un gran ahorro de tiempo y dinero. Y, sobre todo, tendrás seguridad en ti mismo a la hora de vestirte, porque ya no dejas tu imagen en manos de la suerte, sino que eres tú quien toma las riendas en todo momento.

Cuando tengas claro qué transmites con tu imagen (elegancia, confianza, naturalidad, creatividad...), entiendas por qué estás frente a un armario lleno de ropa y no tienes nada que ponerte y te percates de que con una buena planificación todo lo relacionado con la ropa puede quedar solucionado para varios meses, será el momento perfecto para que tomes la decisión que creas oportuna: ponerte manos a la obra y trabajar en tu imagen o bien dejarlo todo como está y seguir haciendo lo mismo. En cualquier caso, tú serás la única persona con capacidad para tomar la decisión. Solo te pido que llegues hasta el final del libro para que la tomes de forma consciente.

No podemos finalizar esta sección sobre la imagen personal sin hacer mención a uno de los argumentos que se suelen utilizar para restar importancia al cuidado y gestión de la imagen, que es el de «Lo importante es lo que tenemos dentro». Vamos a analizarlo, puesto que además es algo que siempre plantean los asistentes a mis clases y ponencias.

Durante mucho tiempo el cuidado de la imagen se ha asociado a un carácter narcisista y ha tenido ciertos matices peyorativos; ya sabes: «lo importante es el interior». Estoy de acuerdo por completo, pero en este libro vamos a ver cómo no siempre disponemos del tiempo suficiente para mostrar nuestro interior y, por tanto, nuestra impresión (mala o buena) la va a causar nuestra imagen, que dejará «lo importante del interior» o bien en un segundo plano, o bien reservado a aquellas personas que sí pueden dedicarnos el tiempo necesario para descubrirlo.

Si algo relevante he aprendido a lo largo de estos años gestionando la imagen de mis clientes, es que la sinceridad es la base para construir una imagen perfecta. Por tanto, no vamos a hacer demagogia. Todo lo contrario: vamos a remitirnos a la realidad; nos guste o no, la mayor parte de los libros no los juzgamos por la portada, pero sí es la portada la que nos llama la atención y nos hace darles la vuelta para ver qué hay en la contraportada y, al fin, en el interior.

¿Te interesarías por un libro cuya portada suscita cero interés en ti o incluso que te produce rechazo? Pues lo mismo sucede con nuestra imagen.

La imagen profesional

Cada uno de los apartados de este libro es importante, pero este es uno de los fundamentales: a nivel profesional tu imagen es un elemento imprescindible para acercarte o alejarte de tus metas.

Una parte de mi trabajo es gestionar la imagen de perfiles profesionales de todo tipo de ámbitos laborales, y os puedo asegurar que hoy en día la imagen, en la mayoría de los casos, aún queda relegada a un segundo o incluso tercer plano. Sin embargo, esto está cambiando y muchas empresas se interesan por impartir formaciones sobre asesoría de imagen e incluso consultorías individuales para sus empleados.

Los profesionales que sí son conscientes de la importancia que tiene su imagen profesional y se preocupan para que esta transmita los valores adecuados a su puesto de trabajo (o incluso al que quieren optar) consiguen en muy poco tiempo una ventaja respecto de sus competidores. Por supuesto, no solo empleados, sino también empresarios cuyos clientes esperan ver una imagen determinada hacen uso de una herramienta tan poderosa como es la imagen profesional dentro del complicado mundo empresarial.

Dedicamos años de nuestra vida a formarnos, a seguir formándonos para actualizarnos, hacemos cursos complementarios, másteres y todo aquello que percibamos como beneficioso para conseguir nuestras metas laborales. Todas nuestras formaciones suponen una importante inversión de tiempo y de dinero que estamos dispuestos a hacer, pues se trata de mejorar nuestro presente y nuestro futuro profesional. Pero ¿has pensado en cómo presentas ante el mundo laboral todos tus conocimientos, habilidades y experiencias? ¿Te has parado a pensar que tal vez tu imagen profesional no es la más adecuada para comunicar todo tu valor, e incluso puede que esté alejándote de tus objetivos? Quizá tus mayores competidores sí se hayan percatado de cómo utilizarla a su favor y, aun teniendo menos capacidades que tú, sean capaces de transmitirlas de una forma más clara y consistente cada día apoyados en una imagen profesional adecuada. Si existe una frase que deberíamos tener enmarcada y siempre a la vista, esta es: «Vístete para el trabajo que quieres conseguir y no para el trabajo que tienes».

Cuando una gran empresa lanza al mercado un producto nuevo, invierte una gran cantidad del presupuesto en el envoltorio, la presentación o el *packaging*. Son muy conscientes de que un producto con un *packaging* mediocre está destinado al fracaso, y por este motivo quieren cautivar al comprador desde un primer momento mostrándole las bondades del producto y, por supuesto, utilizando su embalaje como un elemento que lo diferencie de los productos de la competencia. ¿Comprarías un producto si lo que ves por fuera no te cautivara? Podría ser... pero siempre y cuando al lado no haya otro con una magnífica presentación que sugiera que el contenido es justo lo que tú estás buscando.

Fíjate, por ejemplo, en el sector de la perfumería. La inversión en el frasco es siempre mucho mayor que la que se hace en el propio perfume. Es más, a través del envase se nos transmiten los valores del contenido, y todo esto en un simple vistazo: lo asocia con la feminidad dándole forma de zapato de tacón al frasco, muestra matices relacionados con el lujo adornando el envase con letras en color dorado o sabemos que si nos gusta la frescura el color azul del recipiente es una buena señal. Todo eso lo percibimos solo a través de la vista, asociamos lo que vemos a lo que conocemos y buscamos.

Pero no solo la industria del perfume invierte en el envoltorio de sus productos, sino que la mayor parte de las grandes empresas lo hacen. Por supuesto, el sector textil no podía ser menos. Desde hace unos años cualquier firma de ropa presta especial atención a toda la experiencia de compra, desde la decoración de la tienda (podemos encontrar tiendas de ropa de bajo o medio coste con una importante inversión en la decoración del establecimiento) hasta el olor personalizado del espacio de venta (que en muchos casos llega hasta la zona exterior de la tienda y en cuanto pasamos por delante nos recuerda a la marca). Estoy seguro de que en este momento podrías nombrar algunas marcas cuyas tiendas tienen un olor característico que asociamos de inmediato con la firma.

Con el gran auge de las compras online, el embalaje del producto también ha adquirido gran importancia como parte de la experiencia de compra. Nuestro pedido nos llegará en una caja que identifica inmediatamente a la marca, y dentro estarán las prendas perfectamente dobladas y envueltas en papel, con lo cual recibir un pedido online se convierte en algo similar a recibir un regalo. Y esto nos encanta a todos, porque, aunque sepamos qué hay dentro, el acto nos permite disfrutar de unos segundos de ilusión y genera en nosotros una buena disposición en el momento en que nos deshacemos de todo el embalaje para ver la prenda que hemos comprado.

Volviendo al tema central que estamos tratando en este capítulo, que es el ámbito profesional, con independencia de si trabajas por cuenta propia o para una empresa, debes transmitir tus habilidades profesionales y tus valores desde el primer momento con tus clientes, en entrevistas de trabajo, con compañeros, en ponencias..., para asegurarte de que pasas el primer corte y la otra parte pone el foco en lo que puedes aportar.

El lector de este libro tendrá que crear una primera impresión diferente según su profesión o acorde a sus metas. Antes de acudir a una cita laboral, reunión o presentación con un cliente, simplemente piensa en cómo te gustaría que la persona con la que vas a encontrarte te percibiera a nivel profesional. Vístete lo más acorde a ese deseo. Por ejemplo: si eres un diseñador gráfico y vas a reunirte con un cliente potencial que te ha pedido ideas innovadoras para un proyecto, tu imagen tiene que transmitir creatividad, que es el valor principal que este cliente esperará de ti como profesional. Esto no significa que tengas que utilizar mil colores y estampados imposibles con el fin de demostrar lo creativo que puedes llegar a ser. Más bien se trata de que, de alguna forma, muestres con tu imagen profesional al menos algunos de tus valores, como la creatividad.

En este caso concreto quizá una buena opción sería una americana (elemento formal propio del ámbito de los negocios), un pantalón chino y aportar el toque de creatividad utilizando una camiseta en vez de camisa o bien cambiar los zapatos por unas zapatillas *casual*. Este look es lo más sencillo y simple que puedes crear en un momento para comunicar visualmente tu creatividad, pero además tienes mil opciones más igual de válidas y, llegado el momento, mucho más creativas. Debes tener en cuenta estos detalles cada mañana, ser consciente de que la ropa y, por ende, la imagen que vas a elegir estará comunicando durante todo el día al mundo quién eres y qué puedes aportar a nivel profesional.

Veremos más adelante, en el capítulo 4 dedicado al armario, de forma más detenida cómo enfrentarte al armario y sacarle el máximo partido a favor de tu imagen. De momento, dedícale unos minutos a pensar qué impresión quieres causar mañana y cuál es la ropa que vas a elegir para conseguirlo. Desde este momento ponerte «lo primero que veas» ya no es una opción válida.

CÓMO PUEDE AYUDARTE TU IMAGEN PROFESIONAL A CONSEGUIR EL PUESTO QUE DESEAS

Todos nos enfrentamos, en algún momento, a una entrevista de trabajo, y muy probablemente durante esta nos jugamos una parte importante de nuestro futuro. Por tanto, merece la pena que nos detengamos y le dediquemos unos minutos a analizar esta situación para ver cómo podemos utilizar nuestra imagen a nuestro favor.

Imagina la siguiente situación: estamos en un proceso de selección para entrar a trabajar en una empresa y vamos a dar por supuesto que hemos pasado el primer filtro, durante el cual han quedado confirmados nuestra capacitación profesional, nuestros conocimientos y nuestra experiencia; todo ello corresponde al análisis de nuestro currículo. Pasaremos, pues, a una segunda fase junto a otros candidatos. En este momento de la entrevista personal disponemos de solo unos minutos para demostrarle al seleccionador que somos los candidatos idóneos para el puesto.

Ponte ahora en lugar del entrevistador, que seguro que ha cerrado más de una entrevista antes y después de la tuya, y que ha oído ya en repetidas ocasiones a lo largo del día las mismas frases, o similares, de boca de los candidatos. ¿Qué reacción provocarías en él si tu imagen fuera distinta de la de los demás? ¿Y si además de diferente encajara a la perfección con la de la empresa a la cual quieres acceder y transmitiera alguno de los valores de la firma? Sin duda alguna, esto te beneficiaría muchísimo, pues desde el primer momento despertarías su interés y tendrías una oportunidad adicional para pasar este filtro y destacar entre el resto de los candidatos.

Veamos otro ejemplo más de cómo la imagen que transmitas durante una entrevista de trabajo puede favorecerte:

Imagina que el entrevistado es un señor que se presenta a un puesto de directivo en una multinacional. Seguro que elegirá un traje con corbata, igual que todos los candidatos que aspiran a ese mismo puesto. En un primer momento pensaremos que poca diferencia puede haber entre ellos en lo que al aspecto se refiere, pero nada más lejos de la realidad. ¿Cuáles van a ser los elementos diferenciadores en este caso?

> Cómo le queda el traje (considerando para ello si el corte es el correcto para su figura).
> Largo de mangas y de bajos de pantalón adecuados.
> La calidad del traje.
> El tipo de camisa, color, tejido, cuello y puños.
> Los gemelos.
> La corbata.
> El tipo de zapatos y el cuidado de estos.
> Accesorios como portadocumentos, reloj y cinturón.

Todos estos detalles marcarán una gran diferencia, y más teniendo en cuenta que la persona que lleva a cabo la entrevista ha visto a muchos candidatos con un aspecto relativamente homogéneo; sin duda, estos detalles le llamarán la atención, lo cual te favorecerá, porque que un entrevistador te recuerde es siempre una ventaja respecto al resto.

Días antes de acudir a la entrevista es muy importante que hagamos una pequeña investigación para obtener datos sobre cómo es la imagen profesional de quienes ya trabajan en la empresa a la cual queremos acceder. Prestaremos atención especial a los que trabajen en el mismo departamento para el cual vayan a entrevistarnos. Con los medios de los que disponemos hoy, no es una tarea muy complicada.

Una vez que hayas analizado la imagen de los empleados y directivos de la empresa, ten claros los valores profesionales que quieres transmitir tú mismo cuando te entrevisten y crea un look en el cual aúnes la información recopilada y tus propias características profesionales.

Como mínimo, un par de días antes debes tener claro qué ropa vas a llevar el día en cuestión para así dejarla ya preparada con antelación, incluyendo los complementos, como cinturón, gemelos, corbata, zapatos o pendientes, colgantes y, por supuesto, el bolso en el caso de las mujeres. Una entrevista de trabajo es una de las situaciones laborales más importantes de nuestra vida y merece que dediquemos todo el tiempo necesario a planificar la imagen que queremos transmitir, e incluso, si es necesario, ir adecuándola a cada una de las empresas de las que queramos formar parte.

Sería muy recomendable invertir (según las posibilidades que tengamos en ese momento) al menos en uno o dos looks que utilicemos solo para las entrevistas de trabajo, porque, además de tenerlos perfectamente estudiados, cuando los usemos nuestra actitud cambiará automáticamente a modo profesional, y esto lo percibirá con claridad la persona que nos entreviste. Esta es una inversión rentable, puesto que lo que estás gastando en ropa es un medio para conseguir tu puesto de trabajo y, por tanto, una vez que lo consigas habrás obtenido con creces la rentabilidad de dicha inversión.

En las entrevistas de trabajo disponemos de un tiempo muy limitado que debemos aprovechar de la mejor forma posible para causar una buena impresión. Hoy en día, en nuestra sociedad, el tiempo es uno de los bienes más preciados, y para sacar el máximo partido a nuestras horas funcionamos por impactos visuales, que requieren tan solo unos instantes de nuestro tiempo para que podamos tomar una o varias decisiones sobre lo que vemos.

Podemos comprobar que la imagen es uno de los soportes más utilizados para vender simplemente echando un vistazo a las redes sociales, donde es evidente que cada vez tienen más popularidad los vídeos con fines promocionales o cualquier imagen para hacer publicidad. El texto ha quedado relegado a un segundo plano y ha cedido toda la importancia a lo visual, a lo que transmite una cualidad, bondad, habilidad o cualquier cosa que queramos comunicar a nuestro público con un simple impacto visual. Si la imagen que vemos nos interesa, invertimos algo de tiempo en leer el texto que la acompaña. Vivimos en la era de lo audiovisual y ahora más que nunca tu imagen es un elemento fundamental en el ámbito profesional; si interesa y es lo que tu cliente busca, dedicará su tiempo a conocer el resto de tus cualidades.

Funcionar con impactos visuales nos ahorra tiempo a la hora de tomar decisiones, pero también reduce a una sola las oportunidades que tenemos de impactar en un cliente, una empresa o el público en general. Más allá de quienes trabajan contigo día a día, pocas personas van a profundizar lo suficiente como para comprobar todas tus cualidades profesionales. Forjarán su impresión tomando tu imagen (aspecto, actitud y conocimientos) como referencia y, después, es posible que comprueben si esa impresión es correcta o errónea. Pero en un primer momento la mayor parte del peso caerá sobre tu imagen profesional y lo que con ella transmitas para que una empresa o cliente decida contratarte o no.

Recuerda que la elección de tu ropa cada mañana puede influir en decisiones importantes a lo largo del día o en cómo te verá alguien inesperado con quien puedes cruzarte sin esperarlo; tal vez sea la persona perfecta para ayudarte a conseguir tus metas laborales. Ahora que ya eres consciente de que tu imagen profesional puede acercarte o alejarte de tus objetivos, tienes dos opciones: dejar que la suerte decida qué comunicas con tu aspecto o bien crear de una forma eficiente la imagen que realmente te define y que quieres mostrar a los demás. Recuerda que lo más importante es destacar, pero ha de ser por los motivos adecuados, y estos deberían ser los que te acerquen a la imagen profesional que siempre has tenido de ti.

Para estar aún más seguro sobre cuál es, cierra un momento los ojos e imagina cómo te gustaría verte dentro de unos años a nivel profesional. ¿Ves cuál es tu imagen en ese momento? ¿Se corresponde con la que tienes? Si la respuesta es negativa, en este mismo instante ya tienes claro dónde estás, dónde quieres estar y qué debes cambiar para conseguirlo. Ahora ya tienes un plan y en las siguientes páginas voy a darte las herramientas necesarias para que construyas la imagen profesional que deseas, aquella que te va a ayudar a conseguir tus metas.

La imagen online

En muchas ocasiones nuestros futuros clientes, asistentes a ponencias o incluso la empresa para la cual vamos a hacer una entrevista nos conocen antes de forma online que presencial. Es habitual, antes de contratar a un profesional, consultar su página web o redes sociales, e igual que cuando alguien nos conoce en persona se forma una primera impresión sobre nosotros, también lo hace cuando esa primera vez es de manera digital. Del mismo modo, comenzará a forjarse esa primera impresión, buena o mala, y es muy difícil cambiarla *a posteriori*. Por tanto, debemos prestar la misma atención a nuestra imagen online que a la presencial.

Como ya hemos visto, el tiempo es uno de nuestros bienes más preciados y no permitimos que un horario o una ubicación geográfica nos limiten. Internet se ha convertido en un gran ahorro de tiempo al permitirnos tomar decisiones desde la comodidad de nuestra pantalla. Antes de contratar a un profesional o a una empresa, revisamos su página web para ver si puede aportarnos lo que estamos buscando. Y no solo su página web, que damos por supuesto que está presentada de una forma profesional, sino que el segundo paso, una vez que has visto su presentación profesional, es poner su nombre en el buscador y «ver qué sale».

Es probable que en este segundo paso terminemos revisando las redes sociales del profesional, cuya web nos ha confirmado que puede ser la persona que necesitamos contratar. Y es aquí donde no debemos bajar la guardia: muchos profesionales utilizan las redes sociales de forma personal sin tener en cuenta la primera impresión que pueden causar ante un cliente potencial que está haciendo su trabajo de investigación previo a la contratación.

Una red social es una extensión virtual de nuestro mundo real y puede ser una magnífica herramienta de exposición para que nos conozcan nuestros clientes potenciales o las empresas en las cuales estamos interesados en trabajar. Debemos dedicar todo el tiempo y los recursos necesarios para que nuestra imagen online esté alineada con el perfil profesional, los valores y las cualidades que tenemos en el mundo real. De no hacerlo, estaríamos no solo desaprovechando una gran oportunidad, sino que podría ser uno de los motivos por los cuales alguien no nos contratara.

A veces, cuando estoy planificando una sesión de asesoría de imagen con un cliente nuevo, obtengo antes la información de sus redes sociales, y en varias ocasiones se han quedado sorprendidos cuando les he mostrado fotos o incluso textos que ni siquiera recordaban haber compartido, pero que en el ciberespacio siguen existiendo. Y si yo he podido localizarlos, cualquier empresa o cliente también podría hacerlo y terminar formándose con ello su primera impresión sobre esta persona.

La parte de texto es, sin duda, importantísima tanto en nuestra web como en las redes sociales y debe transmitir de una forma simple, efectiva e impactante nuestros valores como profesionales a quienes entran a consultarla. Pero esta debe ir acompañada de imágenes que reflejen lo que estamos comunicando a nuestros clientes potenciales en el texto. ¿Verdad que cuando ves un testimonio en vídeo te convence mucho más que cuando lo lees por escrito?

Internet nos ofrece infinidad de posibilidades para mostrar al mundo nuestras habilidades; es indispensable aprovecharlas para sacar el máximo partido y llevar nuestra carrera profesional al siguiente nivel.

Ha llegado el momento de que revises tus redes sociales de forma objetiva. Un buen punto de partida es restringir aquellas que no vayas a usar de cara a tu profesión; haz que solo sean accesibles para tu familia y amigos. Por el contrario, aquellas que vayas a emplear para promocionar tu imagen profesional deben estar abiertas para cualquier persona, puesto que nunca sabes quién puede ser tu cliente potencial o qué empresa puede estar buscando a alguien como tú.

Dedica tiempo a cada red social y a tu página web; utiliza fotos profesionales, sobre todo en la web; haz uso del vídeo como plataforma de promoción profesional; y asegúrate de estar comunicando los valores que te representan y que quieres que los demás perciban. Una vez terminada la revisión de tu imagen digital, puedes estar seguro de que tienes uno de los mejores refuerzos para tu carrera profesional.

CAPÍTULO

Planifica

tu imagen

Para llegar a donde nos gustaría, primero tenemos que definir dónde estamos en este momento y cuál es el camino que debemos recorrer. Durante mis años de experiencia he podido comprobar que el denominador común en una gran mayoría de los clientes ha sido la falta de planificación. En casi todos los ámbitos de nuestra vida, antes de tomar una decisión o de llevar a cabo una acción, existe una planificación para tener claros los pasos que debemos dar antes de aventurarnos sin rumbo.

Por ejemplo, cuando decidimos comenzar a entrenar en el gimnasio, tenemos claro cuál es nuestro objetivo: adelgazar, muscularnos, estar en forma... Y para ello fijamos un horario para acudir al gimnasio. Además, en la mayoría de los casos también dispondremos de una tabla de ejercicios, elaborada por un profesional para que la sigamos de modo ordenado y así consigamos estar en forma en el menor tiempo posible. Puedes ver con claridad el esquema que indicaba antes: sabes dónde estás, qué quieres conseguir y los pasos a seguir. Pero no solo nos comportamos así en el ámbito deportivo. En cualquier entorno laboral, los planes de negocios, los objetivos de ventas, las campañas de marketing, el posicionamiento de marca y un largo etcétera requieren una planificación exhaustiva para poder establecer un plan de acción orientado a conseguir los objetivos. De nuevo vemos el esquema: dónde estás, dónde quieres estar y qué hacer para conseguirlo.

La planificación es algo que llevamos a cabo en casi todas las áreas de nuestra vida, pero llegamos a algo tan importante como nuestra imagen y ¿cómo actuamos? ¡Por impulsos! Nos vamos de compras sin saber qué necesitamos. Como si se tratara de una aventura, no fijamos un presupuesto claro y salimos a la calle sin saber a qué tipo de tiendas vamos a ir a ver la ropa. ¿Qué resultado cabe esperar si todo está improvisado? Pues el que el destino quiera en ese momento, pero la mayor parte de las veces no es el deseado o el más adecuado para algo tan importante como es la ropa, aquello que muestra tu mundo interior al exterior.

IDENTIFICA TU IMAGEN IDEAL, FIJA UNA META Y SIGUE UN PLAN PARA CONSEGUIRLA

Ser capaz de trasladar las ideas que tenemos en la mente a un soporte físico es el paso necesario para materializarlas. Puede ser en papel o en un documento en nuestro ordenador, pero es necesario hacer el esfuerzo de plasmar nuestras ideas para convertirlas en algo tangible y a partir de aquí crear un plan.

Justo en este punto del libro es cuando vamos a empezar a crear un plan de acción personalizado para actualizar tu imagen. Te recomiendo que te prepares para tomar notas e ir aplicando lo que voy a explicar en esta sección

En la era de la inmediatez, cuando con un solo clic tengo acceso a un mundo de posibilidades ilimitadas, cuando decir «no tengo tiempo» se ha convertido en nuestro mantra diario y el «tiene que estar terminado para ayer» es lo que más oímos en nuestro entorno laboral, también queremos que suceda lo mismo con nuestra imagen y que en una tarde o tras una consultoría de imagen con un asesor ya esté todo hecho y podamos disfrutar de un cambio total sin el más mínimo esfuerzo.

Pues siento decirte que esto no es posible, y quien te diga lo contrario no está siendo sincero contigo. En materia de imagen personal y profesional, necesitamos invertir cierto tiempo para introducir y asimilar los cambios que precisamos. Además, necesitamos tiempo para ir subiendo poco a poco escalones de nuestra imagen y modificar determinados aspectos hasta conseguir una imagen con la cual nos sintamos identificados y felices.

La primera vez que trabajamos con un asesor de imagen el cambio puede ser mayor, pues lo que hacemos es situar al cliente en el escalón necesario para que proyecte la imagen que en realidad le corresponde con respecto a su estilo de vida, preferencias y ámbito laboral. Pero, una vez conseguida esta primera actualización de imagen, los siguientes pasos son ya graduales y por lo general son cambios en los cuales nos centramos más en la calidad que en la cantidad. Esto mismo te sucederá a medida que lleves a cabo los pasos que te propongo. De hecho, uno de los miedos de las personas que acuden a mí para llevar a cabo una actualización de su imagen suele ser que le recomiende combinaciones o que compre ropa que no es acorde a su estilo. Este temor es lógico, aunque, tras una primera entrevista, y después de haberle explicado todo el proceso, el cliente se queda más tranquilo y dispuesto a comenzar con la asesoría de imagen. En la primera entrevista que suelo tener con un cliente siempre le pregunto por qué cree que necesita un asesor de imagen y me apresuro en completar la frase con un: «No me digas que para mejorar tu imagen, porque esto nos gustaría a todos y no por ello todas las personas contratan a un asesor de imagen».

Precisamente aquí, cuando responde a mi pregunta, es donde comienza el plan para trabajar en la actualización de su imagen, porque ya tiene claro qué quiere (es decir, por qué contrata a un asesor de imagen).

Para mí, como profesional de la imagen, es fundamental tener claro por qué un cliente acude a mí; de esta forma sabré cómo puedo ayudarlo. Después de haber hecho la primera pregunta, analizamos con detenimiento los motivos. Son variados: para algunos es la seguridad de tener un profesional a su lado, alguien que se encargue de todo, y además les supone un tremendo ahorro de tiempo; otras personas han llegado a un momento de su vida en el cual se miran en el espejo y no se reconocen, de manera que deciden ponerle solución; otro de los motivos habituales es que están hartos de tener un armario lleno de ropa, están cansados de gastar dinero en prendas y, aun así, cuando llega el momento de vestirse, nunca encuentran nada que ponerse. Cualquier motivo es válido, pero es necesario tener claro cuál es antes de comenzar.

Ahora te toca a ti. ¿Qué quieres conseguir con tu actualización de imagen?

¿Has reflexionado en algún momento, de forma detenida, sobre cómo te ves a ti mismo? Y con esto me refiero a analizar la percepción que tienes de tu imagen y no solo a decir «me veo bien, mal o depende del día». La mejor forma de hacer este análisis es a través de imágenes o incluso de vídeos. Revisa fotografías tuyas de hace años. ¿Cómo te ves? ¿Qué sientes al verte? Estoy seguro de que si te fijas en la ropa que llevas en cada una de esas fotos, acudirán a tu mente recuerdos de aquella camiseta que tanto te gustaba, de quien te regaló el jersey que usaste hasta la saciedad o de lo mucho que te costó ahorrar hasta que pudiste comprar aquella cazadora de finales de los ochenta. Cuando lleves un rato revisando tu imagen del pasado incluso empezarás a recuperar recuerdos de cómo te hacían sentir ciertas prendas y en qué situaciones solías usarlas. En la hoja que tienes preparada pon un título que sea «Mi yo pasado» y toma nota de cómo es la imagen que has visto en las fotos, cómo te sentías entonces y todas las sensaciones que recuerdes de aquellos momentos.

Hay algo que debes tener en cuenta cuando estés revisando tus fotos o vídeos del pasado: tendemos a idealizar todo lo que pertenece a épocas anteriores de nuestra vida, incluido nuestro aspecto. La mente es selectiva y con el paso del tiempo nos olvidamos de los recuerdos malos y solo evocamos los buenos. Además, los moldeamos conforme a nuestras creencias y valores actuales para que se adapten a ellos y que de esta forma nuestros recuerdos sean congruentes con nuestro yo presente. Tu imagen en el pasado probablemente no era tan excelente como crees ni tampoco deberías utilizarla como referente para crear tu imagen actual. No la anheles ni te recrees en pensamientos del tipo: «Si tuviera ahora el mismo cuerpo, el mismo pelo o la misma piel, todo sería más sencillo para conseguir la imagen que quiero». No es cierto. Una vez que tengas claro cómo era la imagen de tu «yo del pasado» y lo tengas anotado, puedes comenzar a revisar tus fotos actuales. Fíjate con detenimiento en cada una de ellas, presta atención a los detalles (zapatos que llevas, cinturón, bolso, gafas...), prendas que más usas, combinaciones que más te gustan, etc. ¿Cómo te ves? ¿Qué te pasa por la mente cuando comparas tu «yo del pasado» con tu «yo actual»? Seguro que en este momento eres más consciente de la evolución que ha tenido tu imagen a lo largo de los años, e incluso de cómo esta ha ido adaptándose a las diferentes circunstancias de tu vida y se ha transformado igual que lo has hecho tú. O quizá no... Pero, en cualquier caso, en la misma hoja que ya tienes crea un apartado nuevo titulado «Mi yo actual» y anota todo lo que has visto en tus fotos actuales: tipo de ropa, sentimientos que te produce, detalles de los cuales te has percatado y todo lo que creas oportuno anotar.

Un día vino a verme Lucía, de cuarenta y seis años. Era madre y, además, una apasionada de su trabajo en una multinacional. Mi primera pregunta, como siempre, fue: «¿Qué te gustaría conseguir con esta asesoría de imagen?».

Para responder a esta pregunta, empezó a contarme que hasta ese momento había dedicado todo su tiempo y esfuerzo a cuidar de su familia, pasar con ellos el máximo tiempo de calidad. Pero, además, conseguir el puesto de directiva que tenía entonces en una importante empresa le había supuesto una inversión tremenda en horas de trabajo y dedicación. En medio de una época de mucha vorágine laboral, una mañana, ya con un considerable nivel de estrés debido a que tenía una presentación muy importante con socios de la compañía ese mismo día, se miró al espejo y tuvo la sensación de no reconocerse. Como si el reflejo que vio en el espejo no fuese el suyo, sino el de una persona que poco tenía que ver ya con la Lucía que salía cada mañana dispuesta a comerse el mundo y conseguir sus metas. Entonces su respuesta a mi pregunta fue: «Quiero volver a ser la de antes y que me guste lo que veo cuando me miro al espejo».

«Volver a ser la misma persona, incluida la imagen, es imposible. Pero sí podemos conseguir una imagen que realmente exprese quién eres (conectar el interior con el exterior), actualizarla al presente y hacer que concuerde con tu estilo de vida actual», le respondí.

Este fue nuestro punto de partida y llegamos muy lejos. Tras varios años seguimos viéndonos cada seis meses para planificar las nuevas temporadas. La evolución de la imagen de Lucía ha sido espectacular, porque la asesoría de imagen despertó en ella la motivación para seguir subiendo un escalón más. Comenzó de nuevo a hacer deporte después de haberlo dejado durante muchos años por falta de tiempo, asistió a una formación sobre automaquillaje y empezó a interesarse por publicaciones de moda para inspirarse en posibles looks que después revisábamos. Esto ocurre de forma habitual, y es que cuando mejora tu imagen personal o profesional, otros ámbitos de vida también mejoran de forma paralela. En el momento en que tu autoestima se eleva, crece también tu motivación y tus ganas por avanzar y probar cosas nuevas.

Cuando nuestro ritmo de vida es frenético y tenemos demasiadas cosas importantes a las que prestar atención (familia, trabajo, cambios, viajes, etc.), nos olvidamos por completo de nosotros y de nuestra imagen. Pero, de repente, un día nos miramos al espejo, como le sucedió a Lucía, y no reconocemos a la persona que está ahí mirándonos... Seguro que esto te suena porque todos hemos pasado por una etapa similar. En este punto del libro deberías tener perfectamente identificada cuál era tu imagen en el pasado, conocer también cuál es tu imagen actual y solo te queda determinar cuál es la imagen que te gustaría tener en el futuro inmediato. Si todavía no lo tienes claro, dedícale unos minutos antes de comenzar el siguiente ejercicio. Para que sientes una base sólida sobre la que seguir trabajando en tu imagen, en los próximos apartados de este capítulo te propongo varios ejercicios que te van a resultar muy útiles.

Visualiza la imagen que quieres conseguir creando tu *mood board*

Como ya he señalado, la forma más efectiva de llevar a cabo una planificación para actualizar tu imagen es hacerlo en un soporte físico. Si el plan lo creamos solo en la mente («Voy a hacer esto», «Empezaré por aquí», etc.), el esfuerzo que realizamos es mucho menor y, al cabo de poco tiempo, habremos olvidado todo nuestro plan. Materializar nuestros conceptos e ideas será muy sencillo. Te explico a continuación una manera de hacerlo utilizando para ello un *mood board* (o tablero de inspiración).

Se trata de una herramienta muy visual, utilizada de forma habitual por diseñadores (y también por profesionales de otros sectores) cuando están planificando sus colecciones, para poder materializar las ideas que tienen en mente. Consiste en fijar en un tablero imágenes, colores, tejidos, fotografías... Todo lo que esté relacionado con la colección que tienen pensada y que pueda ayudar al equipo creativo con los diseños finales, basados en la idea inicial del diseñador y aderezados con sus propias aportaciones.

En tu caso puedes crear tu *mood board* online utilizando cualquiera de los múltiples programas de imagen y texto que existen, o bien con el método tradicional, usando cartulina, pegamento y recortes. La ventaja de crearlo en formato digital es que puedes añadir, cambiar y modificar todo lo que quieras de forma muy sencilla y en cualquier momento.

¿En qué consiste este ejercicio? Se trata de hacer un *collage* con todas las fotografías, imágenes y textos con los que te sientas identificado y que correspondan a la imagen que te gustaría tener. No analices demasiado en un primer momento, solo empieza a buscar y pegar todo lo que veas y con lo que te sientas identificado:

> › Fotografías de personas, populares o no, cuyo estilo te identifique.
> › Prendas de ropa que te gusten; revisa las tiendas de ropa online.
> › Accesorios: gafas de sol, relojes, bolsos, zapatos...
> › Frases que asocies al estado de ánimo o a la actitud que te gustaría conseguir con tu imagen.
> › Tejidos, colores, combinaciones...
> › Cualquier otro elemento que te ayude a configurar una visión global de tu imagen ideal.

Una vez que tengas terminado este *collage*, analízalo y asegúrate de que todo lo que hay en él te gusta y realmente te representa cuando lo miras, tiene que conectar con tu interior. Emplea el tiempo que sea necesario y, de hecho, aunque aquí escrita no te parezca una tarea tan complicada, una vez que pases a la acción puede que cambies de idea. Cuando ya esté terminado, tendrás a tu disposición una gran cantidad de información sobre cuál deberá ser tu imagen para que esta se corresponda con tu personalidad, tus expectativas e incluso con tus objetivos. En este momento puedes crear un nuevo apartado en tu documento o cuaderno de notas cuyo título sea «Mi imagen perfecta». En él anota toda la información que puedas extraer de tu *mood board*: el estilo que más se repite, los colores, las formas, el tipo de prendas, qué transmiten las imágenes, cuál es la actitud de las personas que has incluido, etc. Cuando termines, habrás dado un paso muy grande hacia tu imagen perfecta, aquella que muestra al mundo quién eres y con la cual te sientes realmente identificado.

SELECCIONA CON ANTELACIÓN TU ROPA DURANTE VEINTIÚN DÍAS

El doctor Maxwell Maltz, cirujano plástico, señala en su libro *Psico cibernética* que normalmente se requiere un mínimo de veintiún días para percibir un cambio en nuestra autoimagen mental, disolver la antigua e incorporar la nueva. Cuando un paciente suyo se sometía a una cirugía facial, tardaba unos veintiún días en acostumbrarse a su nuevo rostro, y de aquí surge la idea de fijar tres semanas como el tiempo necesario para adquirir una nueva conducta y convertirla en hábito.

Este cirujano plástico también indica que la construcción de la autoimagen adecuada es algo que debería continuar a lo largo de toda la vida. No puedes conseguir en tan solo tres semanas el crecimiento máximo o la evolución completa de toda una vida, pero sí puedes experimentar una mejoría muy importante en ese espacio de tiempo.

Una nueva conducta muy interesante que deberías adquirir para comenzar a aplicar todo lo que hemos visto hasta este momento es tomarte unos minutos, antes de irte a la cama, para seleccionar la ropa y los complementos que vas a utilizar al día siguiente y dejarlo todo preparado fuera del armario. Haz esta selección de una forma consciente y pensando en lo que te espera al día siguiente: reunión (con quién y con qué fin), viaje (lugar al que vas, si vas a poder cambiarte al llegar, elegir ropa que no se arrugue en exceso), si tienes una comida con un cliente o si has quedado con amigos al salir del trabajo, etc.

Lo más importante es que tengas clara la impresión que quieres causar a todas esas personas con las que vas a cruzarte al día siguiente y, sea cual sea tu objetivo, te preguntes si el look elegido te acerca a tu meta. Deja todo preparado, también los accesorios (bolso, cinturón, zapatos...), de forma que a la mañana siguiente no necesites invertir ni un solo segundo en buscar qué vas a ponerte. Nada más levantarte y ver ya todo tu look preparado, percibirás la tremenda sensación de seguridad y tranquilidad que esto provoca. ¿No te resulta motivadora esta forma de comenzar el día sabiendo que llevas la armadura adecuada para enfrentarte a todos tus retos? Sin duda, estás creando la base para que el día que acaba de empezar sea magnífico, puesto que desde primera hora de la mañana eres tú quien toma las riendas y decide quién eres y cómo vas a mostrarte al mundo durante la nueva jornada.

Una vez pasados los veintiún días, lo que era una rutina nueva se habrá convertido en un hábito y podrás decidir si quieres seguir dejando la ropa preparada el día anterior o si prefieres seleccionarla por la mañana. En cualquier caso, comienza ya a aplicarlo para que puedas ver los beneficios de este hábito.

La rueda de la imagen

Hay una herramienta muy utilizada en el ámbito del *coaching* por lo sencilla y efectiva que resulta: la rueda de la vida.

Nos permite ser conscientes de cuál es el grado de satisfacción que tenemos en cada una de las áreas de nuestra vida para identificar las que de verdad necesitamos mejorar o a las que debemos prestar más atención. Básicamente, consiste en trazar un círculo y dividirlo en varias secciones, que corresponderán a un ámbito: salud, economía, amor, trabajo, etc. He adaptado la rueda de la vida para poder trabajar sobre el tema que nos interesa en este momento y la he denominado «La rueda de la imagen». Aunque pueda parecerte algo muy sencillo, no deja de ser tremendamente efectiva, puesto que de un solo vistazo sabrás qué aspectos de tu imagen necesitan que les prestes más atención y cuáles menos.

Cuando tenemos claro que no queremos quedarnos donde estamos, es muy importante determinar el camino que debemos recorrer hasta llegar a nuestra meta. Este ejercicio te ayudará a ser consciente de qué parte de tu imagen necesita más atención o dedicación y será un comienzo magnífico para trazar un plan para tu actualización. Uno de los objetivos principales de esta actividad es que reflexiones sobre cada uno de los apartados que componen tu imagen. Pero ten en cuenta que analizarnos a nosotros mismos es uno de los actos más complicados, ya que puede que tengamos que enfrentarnos a miedos, hechos o situaciones de nuestra vida nada agradables. La única forma de resolver cualquiera de estos puntos es identificarlos y tomar las decisiones o acciones necesarias para que dejen de formar parte de ella; así convertiremos un miedo en un logro por haberlo superado.

Antes de comenzar con el ejercicio de la rueda de la imagen, te explico brevemente cada una de las partes que componen la rueda para que tengas claro sobre qué deberías reflexionar y valorar en cada apartado:

› **Imagen profesional:** ¿Tienes claro qué transmites con tu imagen profesional? La imagen laboral tiene que ser un claro reflejo de lo que podemos aportar en un ámbito como expertos en alguna materia. Nuestra imagen profesional no debería ser fruto de la casualidad, sino que tiene que estar estudiada y debemos sentirnos seguros de que estamos comunicando aquello que de verdad nos gustaría que los demás percibieran. En esta sección de la rueda de la imagen piensa si ciertamente tu imagen profesional es la que quieres, si es una imagen estudiada o incluso si antes de elegir la ropa que vas a ponerte piensas a qué actos vas a asistir o con qué personas de tu ámbito laboral te vas a encontrar y la impresión que quieres causar en ellas. Si esto es así, rellena esta sección lo más cerca del 10; de lo contrario, rellena los segmentos más cercanos al número 1.

› **Armario:** ¿Conoces a la perfección las prendas que tienes en el armario? ¿Están todas organizadas? ¿Es tu armario realmente útil y siempre tienes alternativas a la hora de elegir combinaciones de ropa para todo tipo de eventos? ¿O es más bien un armario lleno hasta arriba, pero nunca tienes nada que ponerte y terminas utilizando siempre la misma ropa o las mismas combinaciones? Si la frase «No sé qué ponerme» te resulta familiar, en esta sección deberías rellenar solo los segmentos más cercanos al centro del círculo.

› **Planificación de imagen:** ¿Has dedicado tiempo a analizar y planificar la imagen que te gustaría transmitir al mundo? Debes tener presente que tanto la imagen personal como la profesional comunican muchísima información y planificarla nos garantizará que los demás nos perciban de la forma que realmente queremos. Reflexiona sobre el tipo de plan que tienes establecido en relación con cómo quieres que sea la imagen que proyectas, el tipo de prendas que vas a utilizar para conseguirla y cómo vas a combinarlas. Y si no tienes ningún plan, marca el 1 en la sección de planificación.

> **Estilo y personalidad:** ¿Tienes claro cuál es tu estilo? Desde mi punto de vista, el estilo tiene que ir acorde a nuestra personalidad, puesto que es su exteriorización. Alguien con una personalidad creativa la reflejará en su forma de vestirse (estilo) mediante prendas de ropa originales, con combinaciones poco usuales o bien utilizando accesorios llenos de creatividad en consonancia con su personalidad. Puede que estés pensando ahora mismo: «Yo no tengo un estilo o no sé cuál es». No te preocupes lo más mínimo porque simplemente no te has parado a reflexionar sobre ello. Lo creas o no, todos tenemos un estilo. Algunas personas pueden tener matices de varios estilos, pero siempre habrá uno que predomine, y este será el que los defina. Estoy seguro de que una vez que termines de leer este libro tendrás muy claro cuál es tu estilo y sabrás cómo quieres vestirte, lo que al final es lo mismo.

> **Conocimientos:** ¿Qué conocimientos tienes sobre imagen? Saber el color que más nos favorece y cuáles evitar o conocer qué tipo de corte de ropa nos sienta me-

jor acorde a nuestra morfología corporal son conocimientos necesarios para poder crear nuestra mejor versión. En la formación que recibimos a lo largo de nuestra vida no se imparten este tipo de conocimientos a menos que lo solicitemos a nivel particular, y tener alguna noción sobre ello es una magnífica inversión de futuro.

> **Imagen personal:** ¿Estás satisfecho con ella o crees que podrías mejorar en algunos aspectos? Cuando te invitan a un evento en tu ámbito privado, ¿te supone un momento de estrés el temido: «¿Qué me pongo para ir a esta fiesta?» o siempre tienes varias opciones y te sientes cómodo eligiendo la ropa? En este apartado analiza también cuál es la imagen que proyectas cuando estás con amigos, con tu pareja, haciendo deporte (o practicando cualquier *hobby*) e incluso cuando estás por casa. Valora estos puntos y todos los que creas importantes de tu ámbito personal dentro de la sección de imagen personal de la rueda de la imagen.

> **Compras:** ¿Planificas tus compras de ropa o eres de los que van a dar una vuelta a ver qué encuentran? En esta sección revisa por un momento tus hábitos de compra. Si eres de los que salen corriendo a una tienda cada vez que tienen un evento, entonces rellena los segmentos más cercanos al interior del círculo. De lo contrario, si sales de casa sabiendo qué necesitas y el presupuesto que vas a dedicarle, rellena los que están en la parte externa.

> **Inversión en imagen:** ¿Inviertes de forma consciente en tu imagen? Esto incluye desde contratar a un profesio-

nal de la imagen hasta la inversión en peluquería, accesorios, ropa o incluso algún tipo de formación para mejorar tu imagen más allá del aspecto físico (hablar en público, *coaching*, etc.). Recuerda que, si lo denominamos «inversión», tiene que darnos un beneficio en retorno y, por tanto, no es lo mismo gastar que invertir sabiendo cuánto, en qué y por qué lo hacemos.

Bien, pues llegados a este punto deberías comenzar a rellenar las diferentes secciones de la rueda de la imagen. Emplea el tiempo que creas conveniente para obtener una representación de tu realidad actual que te muestre una visión clara del estado de tu imagen a todos

RUEDA DE LA IMAGEN

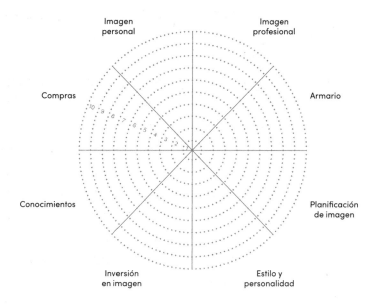

los niveles. Toma como ejemplo la plantilla que puedes ver en la página anterior, es la misma que suelo utilizar con mis clientes. Ha llegado tu momento de meditar, analizar y rellenar cada una de las secciones.

¿Qué sacas en conclusión una vez que has completado la rueda de la imagen? Toma nota de tus impresiones para poder revisarlas más tarde y saber qué acciones debes llevar a cabo. Este ejercicio es muy productivo, porque, si lo has hecho ya, en este momento deberías tener claro en qué punto se encuentra cada uno de los ámbitos relacionados con tu imagen personal y profesional. Espero que a estas alturas ya hayas tomado la decisión de ponerte manos a la obra, dejar las excusas a un lado y conseguir incrementar hasta el número 10 (o al menos cerca) cada sección de la rueda de la imagen. Todas las pautas que iré dándote te ayudarán a aproximar todo lo posible cada uno de los apartados al círculo exterior.

Además, una de las ventajas es que en el momento en que trabajas una de las secciones, las demás también mejorarán de forma significativa, pues están interconectadas.

Al cabo de un tiempo, puede ser incluso cuando termines este libro y hayas llevado a cabo todo el proceso de actualización de imagen, vuelve a rellenar de nuevo la rueda de la imagen para verificar los progresos que has logrado.

El mapa de ruta

El tercer ejercicio que suelo llevar a cabo con mis clientes es diseñar un mapa de ruta[1] relacionado con su imagen. Mi experiencia me ha enseñado que tener un *road map* o mapa de ruta es fundamental para acercarnos lo máximo posible a nuestros objetivos.

¿EN QUÉ CONSISTE EL MAPA DE RUTA DE TU IMAGEN?

Como hemos dicho, es fundamental saber de **dónde venimos, dónde estamos y cuál es nuestra meta**. Pocas veces nos paramos a reflexionar sobre cuál ha sido nuestra imagen en diferentes etapas de nuestra vida, cómo nos ha ayudado (o no) a conseguir nuestras metas e incluso cuál es la imagen que nos gustaría tener en un futuro conforme a nuestra situación de vida (personal y profesional) deseada. Este es el objetivo del ejercicio siguiente, que nos permitirá trazar un plan claro y conciso. Sigue los pasos que te indico a continuación para crear el mapa de ruta de tu imagen:

1. Este ejercicio está basado en el libro *Professional Image: Your Roadmap to Success*, de Pang Li Kin.

Traza una línea horizontal que represente tu vida desde el momento pasado que quieras (infancia, juventud...) y sigue hasta el momento futuro al que te gustaría llegar (estabilidad económica, éxito laboral, formar una familia, etc.). Imagina que el principio de la línea es tu pasado. Más o menos en la mitad es donde ubicarías tu presente, y el tramo de la parte final de la línea correspondería a tu futuro. Divide la línea en etapas importantes de tu vida. No es necesario que pongas fechas concretas, pero, si las recuerdas, puedes insertarlas. Lo fundamental es que recuerdes y anotes periodos en los cuales ha sucedido algo relevante: en el colegio, el día de tu graduación, la primera cita con una pareja, una etapa laboral, un éxito deportivo, un viaje importante... Anota estos momentos en el lugar que corresponda dentro de la línea que representa tu vida (puede ser en un año específico o simplemente encontrarse dentro de una etapa que has marcado). Te adelanto que al principio no es sencillo, pero verás que a medida que vayas recordando estos momentos se entrelazarán uno con otros y avanzarás de una forma fluida y sencilla. Estos recuerdos pueden ser momentos positivos o negativos; la única premisa es que tú los consideres importantes en tu vida.

También es necesario que anotes hechos futuros que te gustaría alcanzar: trabajo, familia, negocios, relaciones personales y sociales, etc.; puede ser una sola meta o varias.

Una vez identificadas todas las situaciones y etapas importantes de tu vida, da el siguiente paso, que es recordar cuál era tu imagen en cada una de esas etapas. Anota al lado de cada uno de los momentos la imagen que tenías en esa etapa. Puede ser la imagen general o incluso si recuerdas alguna prenda, accesorios, gafas, peinado, etc.

Haz este ejercicio con cada una de las etapas y recuerda describir tu imagen física, pero también cómo te sentías en ese momento. En la zona que corresponde a tu futuro, dentro de la que habrás apuntado tus metas, tendrás que anotar la imagen que tiene esa persona de tu futuro. ¿Conoces a alguien que ya haya alcanzado la meta que te gustaría? ¿Cuál es su imagen? ¿Se corresponde con la que te gustaría tener a ti en el momento de conseguir tu objetivo? Analiza opciones y decide qué imagen tendrá tu «yo del futuro».

Cuando hayas terminado de diseñar todo el mapa de ruta de tu imagen, analízalo con detenimiento y presta especial atención a tu momento presente y futuro. ¿Has visto cuáles son las diferencias a nivel de imagen entre tu «yo presente» y tu «yo futuro»? Toma buena nota de toda esta información: acabas de dar otro paso gigante en la creación de tu mejor versión. Este ejercicio también nos lleva a ver las diferentes etapas por las que pasamos a lo largo de la vida en lo que respecta a la imagen. Y además nos sirve para asociar esa imagen a un determinado grupo de personas que podían (o no) influir en ella, un lugar

Ejemplo: **MAPA DE RUTA DE LA IMAGEN**

DESCRIBE CÓMO ERA, CÓMO ES Y CÓMO TE GUSTARÍA QUE FUESE TU IMAGEN EN CADA ETAPA DE TU VIDA Y EL SENTIMIENTO QUE VA ASOCIADO A LA MISMA.

o incluso un tipo de comportamiento que podíamos tener en ese momento de nuestra vida. A medida que cumplimos años vamos evolucionando, pasamos de una etapa a la siguiente, y con el tiempo no somos las mismas personas: es posible que nuestro trabajo, nuestra situación financiera, nuestras amistades e incluso nuestra pareja hayan cambiado.

Sin embargo, muchas veces nuestra imagen es la misma desde hace décadas y no ha evolucionado lo más mínimo. Recuerda el caso de Lucía, que una mañana se dio cuenta de que la imagen que veía se correspondía con la Lucía del pasado, que poco o nada tenía que ver con ella ya. En ocasiones incluso nos empeñamos en que nuestros gustos a la hora de comprar ropa o crear looks tienen que seguir siendo los mismos que hace años atrás y utilizamos preferencias anticuadas como excusa para no probar una prenda o una combinación interesante: «Es que a mí nunca me han gustado o nunca me han quedado bien este tipo de prendas, un determinado corte o una combinación específica». Este «nunca» es muy complicado de mantener en el tiempo y, de hecho, deberíamos desprendernos de este tipo de expresiones que nos anclan al pasado y no nos permiten descubrir nuestra nueva versión del presente.

Al igual que nuestro carácter, nuestra situación laboral e incluso nuestra personalidad evolucionan a medida que va pasando el tiempo, también deberían evolucionar nuestras preferencias y nuestro estilo en lo que a ropa se refiere. Adaptar nuestra imagen a cada etapa de la vida es fundamental y debemos tener claro que la mayor parte de los rasgos que nos definieron en una etapa de nuestra vida ya no son válidos ni nos representan en el presente. Por tanto, suelta ese lastre que te ata al pasado y disfruta creando tu versión actual; ábrete a nuevas posibilidades para crear un estilo acorde a tu vida y personalidad actuales.

Y por último, volviendo de nuevo al ejercicio del mapa de ruta de tu imagen, este también te ayudará a entender por qué no quieres deshacerte de prendas y accesorios que temporada tras temporada siguen en tu armario pero nunca usas. Al evocar momentos específicos de tu pasado, recodarás por qué te gusta tanto esa camiseta que hace años que no utilizas, o ese colgante que nunca te pones, pero al que te niegas a decirle adiós.

El motivo de esto suele ser que asocias estas prendas y accesorios a momentos especiales que has vivido con ellos. En realidad no te interesa la prenda o el accesorio en sí, sino la sensación que produce en ti al evocar los momentos que has tenido cuando lo llevabas puesto. No hay ningún problema por conservar ciertas prendas o complementos porque te los haya regalado alguien especial, te recuerden momentos agradables o los identifiques con situaciones que te hicieron sentir bien. Pero procura guardar pocos elementos por estos motivos y no los utilices como excusa para acumular vestuario que solo te sirve para recordar. En última instancia, los recuerdos no viven en la ropa... Una vez que tengas terminado tu mapa de ruta, te hará rememorar situaciones y sentimientos olvidados por completo. Y este hecho es adecuado en este preciso momento del libro porque, como ya decía en párrafos anteriores, saber de dónde venimos es necesario para saber dónde estamos y a dónde queremos llegar. Incluso para tener claro que ese es un lugar al que ya no pertenecemos, cerrar esa etapa y evolucionar, especialmente en todo lo que esté relacionado con nuestra imagen.

Suelta el ancla del pasado porque ha llegado el momento de que te despidas de tu antigua versión para dar la bienvenida a la versión actual, esa con la que te sientas totalmente identificado y que te proporciona seguridad, confianza y satisfacción.

AUTOIMAGEN

«La imagen que tienes de ti mismo no se corresponde con la realidad». Cuando te miras en el espejo o en una foto, la imagen que ves no es la misma que percibe el resto. Esta afirmación puede sonarte extraña, pero es real, puesto que tú te miras de una forma subjetiva. Creamos nuestra autoimagen a partir del reflejo que vemos en el espejo, pero la moldeamos conforme a la visión de nosotros mismos que tenemos en la mente. Además de la parte física que vemos, entran en juego nuestras vivencias, nuestro estado de ánimo, el ideal que tenemos formado sobre cuál debería ser nuestra imagen (y, por tanto, comparas lo que ves en el espejo con lo que tienes como referencia en la mente) e incluso las opiniones que hemos oído sobre nosotros (en un pasado reciente o incluso lejano), que también han sido un factor decisivo para determinar cómo nos vemos a nosotros mismos. Con nuestra voz sucede algo muy similar: crees que suena de una forma (como tú la oyes cada día cuando hablas), pero los demás perciben ese sonido de otra forma diferente. De hecho, cuando envías un mensaje de voz y vuelves a escucharlo, ¿qué sucede? Pues que seguro que dices: «¡Qué rara es mi voz!» (no es igual que la que tú oyes cuando hablas) y es muy probable que no te guste porque no se corresponde con la que identificas como tuya.

Lo mismo ocurre con las fotos. ¿Cuántas veces le pedimos a la persona que está detrás de la cámara que repita la toma? Las necesarias hasta que en la foto nos vemos «como realmente nos gustamos». Esto se podría traducir en que hacemos repetir la foto hasta que la imagen que vemos coincide con la idea que tenemos en la mente (autoimagen) sobre nosotros mismos. Pero la realidad es que en el resto de las fotos, te gusten o no, también eres tú y, por tanto, también es la forma en la que te ven los demás todos los días de tu vida y en todos tus ámbitos.

En relación con las fotos y nuestra imagen, ocurre algo muy curioso con los selfis: la mayor parte de los que nos gustan son muy similares entre sí. Revisa tu teléfono móvil y analiza las imágenes que has guardado; verás que hay un gran número de autorretratos en los que coinciden el gesto facial, la postura, el ángulo de la cámara, y, si los has editado, la mayoría de ellos tendrán tonalidades similares. También comprobarás que en muchos de ellos estás serio, sonríes, giras un poco la cabeza o subes el mentón. Cada uno tenemos una percepción de cómo somos en realidad por fuera y esta es la que tratamos de reflejar cuando nos hacemos un selfi. Y queremos que suceda lo mismo cuando otra persona nos hace una foto.

Otro ejemplo claro: ¿te gusta aparecer en vídeos o que te graben de una forma esporádica y no preparada?, ¿generalmente te agrada verte y disfrutas de la imagen que ves? Es probable que la respuesta sea negativa... y seguro que es por el mismo motivo que mencionábamos cuando hablábamos de las fotos. No te reconoces y, por tanto, tu mente te dirá: «Ese no eres tú», y no te gustará verte porque no coincide con tu autoimagen.

De hecho, es muy infrecuente, si no eres una persona acostumbrada a estar frente a una cámara, que te guste un vídeo tuyo. Porque igual que en las fotos podemos captar justo una pose, un gesto o una mirada que nos gusta (y nos identifica), en un vídeo es mucho más complicado, pues son muchos elementos en movimiento y es posible que no todos se correspondan con la imagen que tienes sobre ti mismo; por tanto, no te gustará esa persona que ves. Además, te mostrará cómo eres desde distintos ángulos, desde los que tú, habitualmente, no te ves... y entonces, una vez más, tu mente te dirá: «A esa persona no la he visto antes, por tanto, no eres tú, no te representa y no te gusta lo que ves».

Para alinear tu autoimagen con nuestra versión actual y mejorarla, es fundamental actualizar nuestros pensamientos, ideas y sentimientos respecto a ella. Por supuesto, este es un trabajo que lleva tiempo y que hay que acometer poco a poco. Si sigues los pasos correctos, conseguirás que lo que ves en el espejo coincida en gran medida con la idea que tienes sobre cómo quieres que sea la persona que ves reflejada en él.

Elimina las antiguas creencias y los prejuicios sobre cómo eres, porque muy probablemente estén obsoletos.

No inviertas más energía en pensar cómo eras y dedícala a crear tu nuevo yo, comenzando por unos pensamientos y una autoimagen positivos y actualizados. La forma en que te ves a ti mismo en el espejo puede generar sentimientos negativos (que te hagan salir de casa con desgana y sin motivación alguna, hecho que influirá en el resto de las acciones a lo largo del día) o bien positivos (y harán que tengas una gran sonrisa y paso firme, lo cual ya garantiza que empezarás bien el día).

Adjetivos: ¿qué impresión causa tu imagen?

Con la forma en la que nos percibimos y creemos que nos perciben los demás sucede algo similar a lo que acabamos de ver sobre la autoimagen. En la mayoría de los casos estas dos visiones (la nuestra y la de la otra persona) sobre qué transmite nuestra imagen no coinciden. Saber cómo nos ven los demás es una información muy valiosa para asegurarnos de que los valores que comunicamos con nuestra imagen son aquellos que de verdad queremos mostrar.

Seguramente pienses: «Pero yo ya sé cómo me ven los demás, puesto que me lo han dicho infinidad de veces». Cierto, pero ¿quiénes te lo han dicho? Las personas con las que tienes más confianza: familia, amigos, pareja y quizá, en menor medida, algún compañero de trabajo.

Pero todas estas personas no son objetivas respecto a la impresión que les causa tu imagen, puesto que te conocen y entran en juego muchas más variantes además de la parte física. Cuando una persona cercana te da su opinión influyen los sentimientos que tiene hacia ti (cariño, amor, amistad...) y, por tanto, su opinión se basa en el tipo de relación que tiene contigo.

¿Crees que tu familia, pareja o amigos cercanos te ven de una forma objetiva y su opinión sobre tu imagen y la impresión que esta causa en ellos va a ser también objetiva? Por supuesto que no, son los sentimientos hacia ti los que determinan esa impresión, y la mayoría de las veces van a calificarla como positiva (aunque no sea objetiva).

A continuación, te propongo un ejercicio con el que suelo trabajar en las formaciones de imagen para grupos. Estoy seguro de que te ayudará a conocer cómo te ven otras personas y cuál es la impresión que les causa tu imagen, basándose en el aspecto puramente visual. Esta información es muy interesante, porque después podrás compararla y ver si coincide o no con tu autoimagen:

1. **Autodefínete:** Anota en un papel dos o tres adjetivos con los que te gustaría que te definiera alguien cuando te conoce por primera vez, o simplemente varios adjetivos que tú crees que te identifican y te gustaría que los demás viesen en ti. Por ejemplo: serio, elegante, creativo, formal, cercano, divertido, natural, expresivo, auténtico, clásico, comunicativo, seguro... Cualquier adjetivo con el que te gustaría que los demás te definiesen a nivel personal, profesional o social es válido.

2. **Pregunta:** Es ideal llevar a cabo esta segunda parte cuando estéis reunidas varias personas (cuantas más, mejor), pero también puedes hacerlo preguntándoles a distintas personas en momentos y situaciones diferentes. Si estáis en grupo, se trata de entregarle a cada integrante un pequeño trozo de papel en el que tiene que escribir un único adjetivo que te defina. Otra variante igualmente válida, si no tienes la oportunidad de hacerlo con un grupo, sería hacer una pequeña encuesta en alguna red social y pedir a tus seguidores que te definan con un solo adjetivo. Al final lo importante es que obtengas esa información del mayor número posible de personas, que, de un modo

u otro, forman parte de tu vida. Guarda todas las respuestas que te den. Si puedes juntarlas en una misma hoja, mucho mejor. Así podrás analizarlas y ver cuáles se repiten o cuáles son las que más te han sorprendido.

3. **Compara y valora:** Una vez que tengas todos los adjetivos, dispondrás de otra información relevante que te ayudará a conseguir la mejor versión de tu imagen. Tendrás claramente definido qué imagen transmites. Es el momento de comparar todos los adjetivos que has obtenido y las primeras palabras con las cuales te definías tú mismo al principio para ver si coinciden.

Esta información es de gran valor: en muy pocas ocasiones vas a obtener información tan clara sobre la imagen que perciben sobre ti las personas que te rodean. Trata de analizar toda la información y ten en cuenta que una de las metas, en lo que a nuestra imagen personal y profesional se refiere, es que nuestra autoimagen, aquello que nos gustaría proyectar, coincida con lo que ven los demás. Si existe una diferencia entre la imagen ideal que tenemos en la mente y cómo nos ven el resto de las personas, con este ejercicio saldrá a la luz. Así estarás en disposición de modificarla o corregirla si lo crees conveniente.

No dudes, haz el esfuerzo y lo conseguirás.

Como el proceso requerirá un gran esfuerzo, es fundamental estar convencido de que, llegado este momento, quieres, puedes y vas a conseguir la mejor versión de ti mismo. Las dudas van a ser una constante en tu proceso de actualización de imagen; pensarás si realmente merece la pena, si vas a recuperar de alguna manera el tiempo que estás invirtiendo y, por supuesto, si la inversión que estás haciendo te llevará a alguna meta o si solo será un gasto más. No te preocupes, esto es normal y te digo lo mismo que a cada uno de mis clientes cuando les invaden las dudas sobre si merece la pena invertir tanto esfuerzo en su imagen: confía en esa voz interior que te ha llevado a estar aquí, comprométete y sigue los pasos. El resultado final merece mucho la pena, y cuando consigas ver en el espejo a esa persona que siempre has tenido en mente, al «yo» que te gusta cuando ves una determinada foto y al profesional que quieres que los demás perciban, te darás cuenta de que merece mucho la pena. Pero en este momento tienes que confiar en tu intuición y en mí.

Una de las características fundamentales de un buen asesor de imagen es la sinceridad: a un cliente no se le dice aquello que quiere oír, sino la realidad de lo que se ve, porque es la única forma de solucionar, corregir o mejorar algo que no está bien, y para ello lo contratan.

En algunas ocasiones ciertas personas comienzan su actualización de imagen, pero no la terminan porque se dan cuenta del esfuerzo que esta requiere. En este caso es mejor no comenzar, porque será mucho peor a nivel anímico dejar a medias un proceso de cambio de imagen que no haberlo empezado. Pero si estás aquí es porque sabes que quieres cambiar algo y, por tanto, debes confiar en ti y en el proceso.

Adelante, estás en el camino correcto.

CAPÍTULO

Asesoría

de imagen

En este capítulo vamos a dar respuesta a una de las preguntas que más nos interesan a todas aquellas personas que, de una forma u otra, queremos mejorar nuestra imagen:

¿Qué me queda bien a mí?

Hay una respuesta concreta para esta pregunta tan importante: te queda bien la prenda cuyo corte es el adecuado para tu silueta y cuyo color está dentro de la gama de los que más te favorecen.

Conocer los colores y las formas más adecuados para nosotros es imprescindible para saber qué tipo de prenda nos queda bien. Voy a explicarte cómo puedes averiguar qué colores son los que más te favorecen tomando como referencia una serie de características, y después también veremos cómo puedes determinar qué tipo de prendas (o más bien la forma de estas) son las más recomendables para ti de acuerdo con tu forma corporal.

Estoy seguro de que en más de una ocasión has vivido la situación que voy a describir a continuación: pasas por delante de un escaparate, una prenda de ropa te llama la atención; te paras; la miras, porque en realidad te encanta; entras; te la pruebas, y llega la gran decepción porque no te queda bien.

¿Sabes por qué? Porque el color no te favorece o la forma no es la adecuada, e incluso por ambos. Si tuvieras clara esta información, evitarías tener que probarte una prenda, ya que de un vistazo sabrías si es para ti o si no merece la pena que pierdas tiempo en probártela.

Color y forma son las dos características que van a determinar si una prenda nos favorece y si es adecuada para nosotros o no. Para seguir con el proceso de actualización de tu imagen, es necesario que tengas muy claro cuáles son tus colores y el tipo de corte o forma de prendas más apropiados para ti.

Por norma general, solo un 10 por ciento de la ropa que hay en una tienda es adecuada para nosotros, si entendemos por adecuada que su color está dentro de nuestra paleta, el corte de la prenda es el indicado para nuestra forma corporal y que además coincide con nuestro estilo o preferencias personales. ¿Te imaginas la cantidad de tiempo y esfuerzo que puedes ahorrar teniendo claros estos puntos cada vez que vas de compras? En cuanto entres a una tienda, si tienes claro cuáles son tus colores, el corte de la prenda y qué quieres transmitir cuando te la pongas, en muy pocos minutos descartarás toda la ropa no apta para ti y podrás dedicar tu tiempo y energía a probarte con tranquilidad un número limitado de ropa. Así estarás seguro de que la elección que haces es la correcta.

Llevar a cabo un estudio de color y formas con un asesor de imagen es una de las mejores inversiones que puedes hacer, puesto que podrás utilizar la información facilitada a lo largo de muchos años, incluso de toda tu vida. Pero, si no tienes esta posibilidad, a continuación te voy a explicar cómo puedes obtener tú mismo esta información.

Colores

Aunque no tengas ninguna noción de teorías del color o de asesoría de imagen, en tu armario existen varios colores que se repiten en diferentes prendas y que además es muy probable que sean tus colores favoritos. ¿Por qué sucede esto? Porque te sientan bien y te ves muy favorecido con ellos cuando te miras en el espejo. O incluso porque siempre que utilizas esa camisa o blusa de un determinado color la gente te dice lo bien que te queda y esto te motiva a utilizarlo con más frecuencia.

Piensa por un momento en qué colores son los que más predominan en tu armario o incluso ábrelo y echa un vistazo para estar seguro... Hay un grupo de colores predominantes, ¿verdad? Pues quédate con cuáles son, porque esto ya te está dando una pista de cuál es una parte de tu gama de colores, aunque vamos a verlo con más profundidad para que cuando hagas una elección de prenda el color no lo selecciones por casualidad, sino siendo consciente de por qué lo has elegido. Tener esta información, además, te va a ayudar a no comprar una prenda de un color que no te favorece en absoluto con la cual no terminas de verte cuando te miras en el espejo y que, por tanto, pasará al rincón de prendas de «ya me lo pondré algún día».

Utilizar prendas de tu gama de colores te aportará grandes beneficios que percibirás de inmediato:

> › Aumentará la luminosidad de tu rostro, tus ojos y tu cabello.
> › Se atenuarán de forma significativa las líneas de expresión y las ojeras.
> › Comprarás la ropa con más seguridad y dedicarás mucho menos tiempo, puesto que ya sabrás qué colores evitar y cuáles probar.
> › Tendrás infinidad de opciones a la hora de crear looks, puesto que otro de los beneficios es que los colores de tu paleta combinarán a la perfección entre sí.
> › La ropa se integrará en el conjunto de tu imagen creando una perfecta armonía visual. (Existe una gran diferencia entre «¡Qué bonita es esa blusa!» y «¡Qué guapa estás con esa blusa!». Utilizar los colores adecuados hará que esta última se repita).
> › Podrás emplear tu gama de colores no solo para la ropa, sino también para el maquillaje, el tono del pelo y todo tipo de accesorios.

Por desgracia, no todos los colores que nos gustan nos quedan bien, ni todos los que nos quedan bien nos gustan. Pero recuerda: cuando se trata de nuestras preferencias, a menudo determinamos que algo no nos gusta solo porque no nos hemos visto las veces suficientes con una prenda a la cual no estamos habituados o, en este caso, con un color nuevo que no solíamos usar. De repente, cuando lo probamos por primera vez, al ponernos delante del espejo nuestra mente nos dice: «Ese no eres tú. El que yo veo cada día no se pone una camisa de ese color», y te ves raro.

Un indicativo de que te encuentras en ese momento es cuando te pruebas una prenda o un color nuevo, te miras en el espejo y viene a tu mente la frase: «Sí..., me gusta, pero no sé...».

El «pero no sé» equivale a «se trata de algo nuevo para mí y no estoy habituado a verlo». No limites las enormes posibilidades que nos ofrecen los colores y experimenta con nuevas alternativas tanto en la ropa como en todo tipo de accesorios. Una vez que amplías el abanico de colores de tu armario, se abre ante ti todo un universo de oportunidades para crear cientos de combinaciones exitosas y favorecedoras.

¿QUÉ ES EL COLOR Y CÓMO FUNCIONA?

El color no está en los objetos ni en las prendas de ropa o en los accesorios. Se trata simplemente de luz que se refleja en los objetos y, dependiendo de las características físicas que estos tengan, absorben algunas longitudes de onda y reflejan otras.

Por ejemplo: un objeto azul absorbe todas las longitudes de onda excepto las del color azul. Estas las refleja, y son las que nosotros vemos como «azul».

Cada color tiene una longitud de onda y frecuencia específica que nosotros percibimos a través de la retina del ojo y que nuestro cerebro interpreta. Por tanto, cuando vemos un color se debe a la cantidad de luz (con su longitud y frecuencia) que llega hasta nuestros ojos; en consecuencia, nuestro cerebro interpreta estas longitudes de onda para indicarnos de qué color es lo que estamos viendo. Dentro del ojo tenemos unas células denominadas «bastones» que son los receptores de intensidad del color. Si no hay una cantidad suficiente de luz, no serán capaces de interpretar correctamente la intensidad, hecho que habrás podido comprobar cuando es de noche y quieres diferenciar un color. Los segundos responsables de interpretar los colores son las células denominadas «conos». Estas solo son capaces de percibir los tres colores primarios: azul, verde y rojo. A partir de aquí envían la información al cerebro para que este la interprete, mezcle estos colores primarios y, a partir de ellos, genere el resto de los colores. ¿No te ha pasado alguna vez que estás viendo con alguien un objeto y no coincidís en el color o en el matiz del color que tiene dicho objeto? Seguro que ambos estáis en lo cierto y la expresión de lo que estáis viendo es la correcta, pero no coincidís porque vuestros respectivos cerebros han interpretado la luz reflejada por el objeto de forma ligeramente distinta.

Otro ejemplo es un objeto blanco. Tiene este color porque refleja todos los colores; en cambio, un objeto negro absorbe todos los colores y no refleja ninguno. Por este motivo te resultará más incómodo llevar una prenda muy oscura o negra en época de calor mientras que las blancas o de colores muy claros serán más agradables, puesto que reflejan toda la luz que les llega.

El mundo del color es fascinante. Te recomiendo que te adentres en él todo lo posible, pero a nosotros, de momento, lo que más nos interesa tener claro es que las prendas de ropa y los accesorios «reflejan» su color. Debemos tenerlo presente siempre, pero sobre todo cuando se trate de prendas de ropa cercanas al rostro (camisas, chaquetas, fulares, camisetas, etc.), puesto que nos reflejarán el color directamente en la cara y esto hará que luzcamos radiantes o bien todo lo contrario, que tengamos «mala cara», probablemente porque llevamos cerca del rostro una prenda que no es de nuestra gama de colores.

LAS CUATRO ESTACIONES: PRIMAVERA, VERANO, OTOÑO E INVIERNO

Existen varios sistemas para diferenciar las gamas de colores que corresponden a cada persona. Nosotros vamos a usar el sistema estacional, que emplea el nombre de las estaciones del año para agrupar los distintos colores que mejor nos quedan a cada uno teniendo en cuenta determinadas características físicas.

Para una primera aproximación al mundo del color, y para conocer los colores que más te favorecen si no tienes la posibilidad de hacer un estudio de color en persona, este método es el más sencillo. Uno de los libros más exitosos sobre el análisis del color con el método estacional lo escribió Carol Jackson, *Color Me Beautiful* (1980). Parte de su éxito radica en la simplicidad del método que proponía al dividir los colores en las cuatro estaciones del año. A cada persona le correspondería una de las estaciones teniendo en cuenta su tono de piel, el color de los ojos y el color natural del pelo. Tomando como referencia este método, vamos a averiguar qué estación te corresponde y cuáles son los colores que te favorecen.

¿FRÍO O CÁLIDO? EMPIEZA POR IDENTIFICAR TU SUBTONO DE PIEL

El tono de nuestra piel, el que puedes ver ahora mismo si te miras el brazo o la cara, puede cambiar en función de si tomamos más o menos sol, de nuestra presión sanguínea o de muchos otros factores externos. Pero lo que nosotros vamos a determinar es el subtono, que no cambia nunca, ya que viene definido por nuestra genética; será el factor el que determine qué colores son los que mejor o peor te quedan. Por tanto, vamos a especificar cuál es tu subtono: frío o cálido.

El método de las cuatro estaciones agrupa varios colores en diferentes tonalidades en cada una de ellas. Dos de las estaciones corresponden al grupo de subtonos fríos (invierno y verano) y las otras dos a las personas cuyo subtono sea cálido (otoño y primavera). No asocies las estaciones a la temperatura que hace en esa época del año porque no está relacionado. Tiene que ver más bien con los tonos de color que nos encontramos en cada una de las temporadas: el azul cielo del verano; los marrones y verdes intensos del otoño; los colores menos brillantes y más intensos, como el verde pino, en invierno; y los tonos claros de la primavera, como el coral o el camel.

Para llevar a cabo las pruebas de color, lo más recomendable es que te sitúes en un lugar con mucha luz natural o, en su defecto, que uses una iluminación artificial con luz neutra. Además, en la medida de lo posible, para hacer la prueba usa en la parte superior del cuerpo una prenda de color blanco o cúbrete la ropa con una tela blanca. También es importante no llevar maquillaje para hacer el test de color, ya que la base o cualquiera de los otros productos que utilices pueden llevarte a equívoco a la hora de determinar el resultado final.

Hay varias formas de averiguar si tu piel es fría o cálida; yo te muestro cuatro que son muy sencillas. Elige tú mismo una de ellas o, si lo prefieres, hazlas todas. Tardarás muy poco y, además, podrás comparar si el resultado es el mismo en todas ellas.

1. Fíjate en la parte interior de tus muñecas. ¿De qué color son las venas? ¿Puedes percibir tonalidades azules o son más bien verdes/verde oliva? Si puedes, compara las muñecas con una o varias personas más para que veas la diferencia entre una piel cálida y otra fría. Las tonalidades azules en las venas de la muñeca indicarán que perteneces a la gama de colores fríos, y los tonos verdosos mostrarán que eres de gama cálida.

2. ¿Tienes una prenda o un trozo de tejido de color oro y otro de color plata? Bien, pues ponte primero uno y después el otro cerca de la cara, de hombro a hombro, a modo de babero, y comprueba cuál de los dos le da más luminosidad a tu rostro. El color correcto hará que lo primero que veas sea el rostro: lo iluminará. En cambio, el color incorrecto para tu tono de piel la apagará y lo primero que verás será el tejido y no la cara.

También puedes tener en cuenta los colores oro y plata en los accesorios que sueles utilizar y cuáles son los que mejor te quedan. ¿Eres más de oro? Entonces tus colores son los cálidos. En cambio, si la plata es el metal que más te gusta y mejor te queda, tu paleta de colores será una de las frías.

3. Utiliza una tela, toalla, camisa o camiseta blanca (el color tiene que ser un blanco radiante, muy puro) y póntela extendida cerca de la cara, justo debajo de la barbilla. Aparta el cabello todo lo posible de la cara y fíjate bien en qué tonalidades son las que predominan en tu rostro: ¿aparecen matices amarillos o ves más bien matices rosáceos? Los primeros serán una señal de que perteneces al grupo de los cálidos y los segundos corresponden a los fríos.

4. Aplícate sobre la piel una base de maquillaje con matices rosáceos y otra con matices amarillos. ¿Cuál de las dos se integra con tu piel y cuál da la sensación de ser una pintura sobre esta? Si la base que se integra es la rosácea, tu subtono es frío; si es al contrario y la que más se funde con tu color de piel es la base con tonos amarillos, tu subtono es cálido.

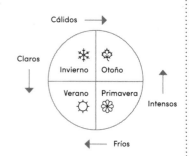

Una vez hechas estas pruebas, toma nota del resultado. Estoy seguro de que ya tendrás claro si tu subtono es frío o cálido y estás a un paso de averiguar qué colores son los que más te favorecen. Veamos cuál es tu estación:

Si has determinado que tu subtono de piel es **frío**, tu estación puede ser **invierno o verano**.

Si has determinado que tu subtono de piel es **cálido**, tu estación pude ser **otoño o primavera**.

Como verás en el esquema, además de la separación entre fríos y cálidos para dividir cada estación, también incluimos dos características más: colores claros y colores intensos. A continuación, haremos referencia a cada uno de ellos dentro de las características de cada estación.

LAS CUATRO ESTACIONES: CARACTERÍSTICAS Y COLORES

Revisa todas las estaciones para ver cuál de ellas se corresponde más con tus rasgos físicos (tono de piel, ojos y cabello) y quédate con la que contenga más puntos asociados a ti, aunque no coincidan todos, puesto que esta parte del color no es una ciencia exacta, y descarta aquellas cuyas características no tengan nada que ver contigo.

❄ Invierno

Características:

> Las personas que pertenecen a esta estación tienen la piel muy clara con un subtono azulado.

> Un indicativo habitual es que les cuesta mucho tener un color de piel bronceado, aun tomando el sol, y suelen quemarse con facilidad.

> Si perteneces a esta categoría, tu color de ojos será marrón oscuro o claro, gris/azulados, azul o un verde claro.

> Tu color del pelo va desde un castaño oscuro hasta un color negro o incluso un color gris/blanco (canas).

> Una característica muy significativa en las personas cuya gama de colores es invierno es que hay un alto contraste entre el color del cabello y el de los ojos y la piel.

Tus colores:

Si perteneces a la categoría invierno, los colores más favorecedores para ti son los que tienen una parte importante de azul en su composición. Tu gama de colores tiene tonos intensos y crear combinaciones con un alto contraste con los colores más claros y los más oscuros de tu paleta de color será una opción perfecta para ti.

Algunos de estos colores son: blanco puro, negro, verde pino, gris (intensidad media), azul marino, rojo, morado, magenta, plata...

☼ Verano

Características:

> Las personas a las que les corresponde la estación verano tienen un subtono de piel frío (azulado o rojizo). Además, la piel también es muy clara, pero con menos contraste respecto al cabello y los ojos que los de la estación invierno.

> Como ejemplo de verano podemos tomar a las personas con características físicas muy anglosajonas (cabello rubio, ojos azules y tez clara).

> El cabello tiene un tono claro o muy claro (rubio, castaño claro, colores ceniza...).

> El color de ojos también será claro: azules, verdes, marrones, etc.

En las características físicas no encontramos ningún matiz que pueda llevarnos a pensar en colores cálidos y, de hecho, si pruebas alguna prenda de colores cálidos (marrón, naranja, dorado...), verás que esta destacará más que tu rostro, y precisamente esto es lo que queremos evitar.

Tus colores:

La paleta de colores que más va a favorecerte estará compuesta por colores similares a los de invierno, también con una base importante de azul en su composición, pero en tonalidades más claras, con más luz: blanco (suave), rojo, azul cielo, rosa, lavanda, turquesa, gris claro...

🍁 Otoño

Características:

› El subtono de tu piel es cálido si tu estación es otoño.

› Te cuesta muy poco ponerte moreno, no te quemas cuando tomas el sol y es muy probable que durante todo el año luzcas el bronceado.

› Los accesorios de color dorado te quedan muy bien y seguramente los prefieras mucho más que los plateados.

› Es muy probable que en el armario tengas prendas con colores propios de la estación otoño: marrón, amarillo, naranja o diferentes tonalidades de verde, entre otras.

› Si eres una de las personas otoño, puede que tu cabello sea castaño (oscuro o con matices dorados), rubio oscuro o pelirrojo, y seguramente cuando te expones mucho tiempo al sol el cabello se te aclara y aparecen algunos reflejos en tonos luminosos.

› El color de tus ojos será verde, marrón, ámbar o incluso azul.

Tus colores:

La gama de colores en la paleta otoño está compuesta por tonalidades intensas y a la hora de elegir un color ten en cuenta que lo más recomendable es que predomine la proporción de amarillo dentro del color, y no el azul, como era el caso de las estaciones anteriores. Algunos de los colores perfectos para ti si estás dentro de esta estación, que te iluminarán el rostro, los ojos y el cabello, son: blanco (las tonalidades más apagadas, tipo hueso o marfil), dorado, marrón, amarillo, naranja, bronce, verde azulado, verde oliva, salmón, gris pardo, camel, terracota...

❀ Primavera

Características:

› Tu subtono de piel, al hacer la prueba, ha de ser cálido para poder estar en este grupo.

› Durante la mayor parte del año tendrás un tono de piel bronceado/dorado.

› Las tonalidades del cabello van desde un castaño luminoso hasta un color rubio claro, pasando por matices pelirrojos, siempre con tintes cálidos y luminosos.

› El color de tus ojos será claro en la mayoría de los casos: verde, azul claro, marrón claro o color avellana.

Tus colores:

En tu armario no pueden faltar los colores suaves y con mucha luminosidad, puesto que estos crearán una armonía perfecta con tus características físicas y las resaltarán: coral, lima, naranja (claro), amarillo pálido, salmón (claro), camel, marrón (claro), dorado, blanco (en su tonalidad suave, cerca del tono marfil), verde pastel, azul aguamarina...

Este sistema de análisis de color es el más sencillo que existe y también el más genérico, pero para lo que se pretende en este capítulo del libro, que es un acercamiento al mundo del color para poder aplicarlo a nuestra ropa y tomar consciencia de lo importante que es para conseguir la mejor versión de tu imagen, es más que suficiente.

Una vez que hayas identificado la estación a la que perteneces, puedes ver toda su gama de colores en infinidad de páginas de internet, como por ejemplo en Pinterest. Cuando tengas la paleta de colores que te corresponde conforme a la estación a la cual pertenezcas, te recomiendo que la lleves contigo (impresa o en el teléfono) para que cuando vayas de compras tengas claro qué colores y tonos son los más adecuados y cuáles es aconsejable que evites en prendas.

A mis clientes suelo entregarles una selección de tejidos con sus colores, en formato de bolsillo, y es muy útil consultarlo siempre que están de compras y les surge alguna duda.

En un principio, esta parte sobre el color puede parecerte un poco complicada, pero es solo cuestión de práctica. Llegará un momento en el que el ojo irá acostumbrándose y verás a la perfección que una prenda de un tono de color determinado te resalta el rostro y te favorece muchísimo más que una de otro tono, aunque sea del mismo color.

Empieza por seleccionar algunas prendas de la gama de colores cálidos y otras de la gama de colores fríos que tengas en el armario. Ponte frente al espejo, si es posible con luz natural, y colócate una prenda de un color cálido justo debajo de la barbilla durante unos segundos. Después haz lo mismo con otra prenda de color frío y comprueba cuál de las dos hace que tu rostro, tu cabello y tus ojos resalten más. Repite el ejercicio con ropa diferente y verás como al cabo de un rato empezarás a notar con claridad las diferencias y optarás por unos colores u otros.

Importante

Para determinar a qué estación perteneces no tienes que fijarte en los colores que te gustan, sino en cuáles te quedan bien. Todos podemos utilizar casi todos los colores que existen, pero es fundamental saber en qué tono, valor y saturación.

Por ejemplo, del color azul. ¿Cuántos tonos conoces en ropa y accesorios? Casi infinitos... y, sin embargo, solo algunos de ellos armonizarán a la perfección con tus características físicas. El azul marino, azul real o azul zafiro serán tonos que pueden formar parte del armario de cualquier persona de la gama invierno, dejando el azul celeste, azul medio o el azul grisáceo para la estación verano. Sin embargo, debido a que son de la gama fría, las personas de otoño o primavera deberían usar solamente aquellos tonos de azul con mayor saturación de amarillo en su composición.

Olvídate también, en la medida de lo posible, de la asociación personal que tienes con ciertos colores. Te explico a qué me refiero: cuando determinamos que un color no nos gusta, es muy interesante analizar de forma objetiva por qué llegamos a esa conclusión. Además de asociaciones culturales o simbólicas de un color (negro con funerales, blanco con bodas, morado con actos religiosos o algunas combinaciones de colores con banderas, etc.), en muchas ocasiones tenemos en la mente recuerdos desagradables que relacionamos a un color determinado y, por tanto, establecemos que ese color no nos gusta; quizá nos estemos perdiendo la oportunidad de utilizar un tono que nos favorece mucho.

Paula acudió a una asesoría de imagen conmigo porque, a pesar de tener un armario lleno de ropa, siempre utilizaba las mismas combinaciones y las pocas veces que iba de compras terminaba agobiada y comprando más de lo mismo.

Aunque fui a su casa para revisar y reorganizar su armario, esa tarde en mi oficina me mostró varias imágenes de este y pude comprobar que estaba compuesto por tres bloques homogéneos con colores blancos, grises y negros (además de alguno más que no era de su gama).

Por mucho que cambiara de prendas, usar solo blanco, solo negro, solo gris o una combinación de estos terminaba por llevarla al hastío y tenía la sensación de ir siempre vestida igual.

—¿Por qué no compras y utilizas prendas de varios colores, Paula?

—Pues la verdad es que no me veo con colores. Además, empecé a usar estos colores en el colegio y en el instituto, donde llevé siempre uniforme (gris con camisa blanca) y me resultan muy fáciles de combinar.

Es lógico que le resultara fácil vestirse con esos colores; su mente llevaba toda una vida viendo a Paula vestida con tonos grises, blancos y negros. Y es que, en lo que a nuestra imagen se refiere, una de las mayores barreras que tenemos para mejorarla o actualizarla es la mente. La mente de Paula, cuando estaba en una tienda y se probaba alguna prenda de color, no reconocía a la Paula de siempre en el espejo y, por tanto, le indicaba de forma subliminal: «Esta no eres tú. Tú usas gris, blanco y negro. Vuelve a lo de siempre».

Tras varios días de trabajo de forma conjunta, explicarle cómo el color podía favorecer enormemente su imagen y de probar distintas combinaciones, compramos varias prendas de su gama de color y también accesorios coloridos para darles vida a los looks blancos/negros/grises. Como siempre hago cuando quiero que un cambio se transforme en un hábito permanente, introduje el color en el armario de Paula de forma gradual, no radical, con prendas coloridas, pero sobre todo con accesorios: collares, bolsos, cinturones, etc. En este momento, y tras ser consciente de todos los halagos que recibía por parte de gente a la que veía a diario, ella misma me ha pedido que en nuestra próxima cita amplíe la gama de colores de su armario.

Tienes ante ti todo un mundo de posibilidades para utilizar prendas y accesorios de tu gama de colores. Aprovéchalo para dar un paso más en el camino hacia la mejor versión de tu imagen.

INFLUENCIA DEL COLOR EN NUESTRO ESTADO DE ÁNIMO

Los colores pueden influir en nuestro estado de ánimo, pero también en la actitud de la persona que tenemos frente a nosotros. Por tanto, no está de más saber de qué forma puede contribuir un color a ayudarnos cuando tenemos un objetivo concreto (superar una entrevista de trabajo, hacer una exposición en público, elegir una foto para redes sociales, etc.). Como ya hemos visto, el color es luz con una determinada longitud de onda que llega hasta un objeto (una prenda de ropa, por ejemplo); el objeto refleja esta luz, que entra por nuestros ojos y pasa por la

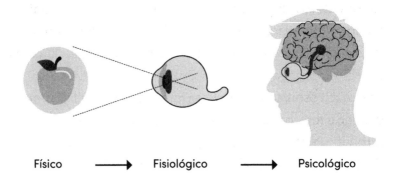

Físico ⟶ Fisiológico ⟶ Psicológico

retina, donde se encuentran los fotorreceptores. Estos envían a través de impulsos nerviosos una señal al cerebro y aquí se interpreta el color que estamos viendo.

Como podemos deducir de esto, el color genera en nosotros una reacción física que estimula el cerebro y nos provoca sensaciones, aunque todo este proceso se lleva a cabo de manera inconsciente. Numerosos experimentos evidencian cómo los colores pueden afectar a nuestra forma de percibir un objeto o situación. Por ejemplo, en los años setenta, el doctor Alexander G. Schauss, del Instituto Americano para la Investigación Biosocial, llevó a cabo un experimento para demostrar cómo un determinado tono de rosa tenía un efecto calmante y reductor de la agresividad en personas concretas. En una primera parte, se experimentó con una cartulina de color rosa (cuyo tono denominó rosa-P618); cuando una persona la observaba durante unos minutos, producía en ella un efecto calmante que le reducía el pulso, los latidos del corazón y la respiración.

Quiso llevar este experimento más allá y convenció a los directores del Naval Correctional Institute de Seattle, Washington, para pintar una celda de un determinado tono de rosa claro, el cual se denominó, en honor a estos dos directores, como «rosa Baker-Miller». Tras pintar la celda de rosa Baker-Miller, se introdujo en ella a los nuevos reclusos con los rasgos más agresivos, que manifestaron una notable mejoría en su conducta, menor hostilidad, violencia o agresividad, y con tan solo unos quince minutos de exposición a este tono de rosa su actitud era más calmada. A partir de aquí muchas más prisiones de todo el mundo utilizaron este color por los efectos calmantes que producía en los reclusos.

El Kinnick Stadium, un estadio de fútbol americano situado en Iowa City, tiene una característica muy peculiar: tanto las paredes como los techos, los baños o las taquillas de los vestuarios del equipo visitante están pintados de color rosa claro. Cuando el entrenador Hayden Fry llegó a Iowa, ordenó que pintaran el vestuario de este tono de rosa como método para calmar a los jugadores del equipo oponente antes de salir al campo, pues a este color se le atribuían las propiedades que ya hemos visto.

Existe infinidad de información sobre la psicología del color y cómo nos afectan los colores. Por supuesto, te recomiendo que profundices en ello, ya que es muy interesante y práctico, pero en nuestro caso nos interesa, simplemente, conocer el efecto que pueden producir algunos colores y utilizarlos en nuestra ropa o accesorios cuando lo creamos conveniente. Cada color tiene propiedades como el tono, el valor y la saturación, y en función de estas varía el efecto que produce. Vamos a tratar de sintetizar al máximo; revisaremos el efecto que se atribuye a cada uno de los colores básicos más populares.

EL COLOR Y SUS PROPIEDADES

Blanco

Es el color de la pureza, la inocencia, el orden y la limpieza.

En muchas profesiones en las que es importante reflejar alguno de estos adjetivos se tiene como ropa de trabajo un uniforme de color blanco: médicos (u otras profesiones de la rama sanitaria), cocineros, científicos, entre otros. Además, el blanco es el color por excelencia de las novias en las ceremonias religiosas.

En el caso de las prendas de ropa, un look totalmente blanco es adecuado solo para ocasiones muy puntuales (lugares de playa, fiestas de verano...), pero es factible si lo completamos con accesorios coloridos. Además, no hay nada más sencillo que combinar una prenda de color blanco, puesto que funcionará a la perfección con todos los demás colores que tengas en el armario. Puedes usarlo llevando la imprescindible camisa blanca, un pañuelo blanco en un bolsillo de la americana o incluso unas gafas de sol con la pasta blanca que pueden ser el complemento perfecto en este color.

Negro

Elegancia, autoridad, sofisticación y poder.

Es el color de los trajes de noche más elegantes para caballeros (esmoquin) y el color del vestido que toda mujer debería tener en su fondo de armario: el *little black dress* (LBD) o pequeño vestido negro. El color negro tiene cierto misterio y halo de seducción, pero, como todos los colores, usado de forma excesiva puede provocar sensaciones contrarias a las que acabamos de ver y representar frialdad, oscuridad o cualquier otro sentimiento negativo asociado al luto que representa una vestimenta totalmente negra.

Al igual que sucedía con el color blanco, un look negro por completo puede ser una magnífica idea siempre que lo complementemos con accesorios de color (de nuestra paleta de colores). Por ejemplo, un vestido negro permite muchísimas combinaciones con accesorios de color, desde brillantes o perlas, que lo convertirán en la indumentaria perfecta para cualquier fiesta elegante, hasta accesorios de madera, piedras naturales o un sencillo cinturón de rafia para poder utilizar el mismo vestido en ocasiones menos formales.

Azul

Serenidad, integridad, sinceridad y confianza.

Piensa en logotipos de compañías que conozcas: empresas de automóviles, tecnológicas, redes sociales, alimentación... ¿Cuántas de ellas tienen el color azul en su logotipo? Muchas, puesto que las propiedades asociadas al color azul son esas con las que a cualquier empresa o profesional le gustaría que lo identificaran.

El color azul se emplea en muchos uniformes de profesiones donde la calma y la confianza son dos valores muy apreciados: policía, enfermería, marines, pilotos de aviones...

En exceso, puede transmitir frialdad, desapego o tristeza, pero si, por ejemplo, optas por llevar un traje en un tono azul oscuro y camisa azul clara, puedes romper esta homogeneidad con un cinturón y zapatos marrones o en color burdeos, o simplemente con una corbata de otro color. Este look será perfecto para presentaciones formales, reuniones importantes en las que quieras presentar un proyecto nuevo o para cualquier acción dentro del ámbito de las ventas.

Rojo

Energía, pasión, emoción, excitación.

Cuando un día sientas que estás bajo de energía, prueba a utilizar una prenda de color rojo; incrementará tu vitalidad de forma inmediata. El rojo es el segundo color que se distingue con mayor facilidad (después del amarillo) y por este motivo se emplea para advertirnos de posibles peligros, utilizándolo en señales de tráfico y semáforos. Siempre que se necesita un foco de atención, el color rojo actúa como tal: coches de fórmula 1, vehículos de bomberos, la alfombra roja, logotipos y marcas...

Si tienes una reunión a primera hora y quieres que los asistentes presten atención, utilizar una prenda o algunos accesorios de color rojo puede ser una buena idea.

El rojo promueve sensaciones intensas y puede provocar el efecto contrario al deseado: agresividad, dominación o irritación. Sin embargo, la combinación de este color es perfecta con otro que estimule nuestra parte intelectual (como, por ejemplo, el azul). Por supuesto, todo lo relacionado con el amor, la sensualidad o la sexualidad forma parte del color rojo.

Verde

Relax, esperanza, frescura, tranquilidad.

¿Qué sensación tienes cuando te encuentras en plena naturaleza, en un bosque, rodeado de diferentes tonalidades de verde? Seguro que sientes que el estrés disminuye de inmediato, y eso es porque la calma es una de las propiedades que se le atribuyen al color verde y lo hacen perfecto para todo lo relacionado con la mente, la creatividad y el aumento de la productividad.

El color verde es la representación de lo natural, de la frescura y de lo nuevo.

Los efectos negativos del verde pueden ser la sensación de falta de madurez, envidia o materialismo, si lo utilizamos en exceso o en tonalidades no adecuadas.

Las joyas en tonos verdes serán una opción muy acertada cuando quieras utilizar este color. Desde la esmeralda, con su característico y casi hipnótico color verde, hasta un jade o cualquier otra joya creada con elementos de este color, las cuales pueden, además de favorecer tu imagen, aportar alguna de sus múltiples propiedades.

Amarillo

Optimismo, energía, estimulación, diversión.

Es el color del sol, de la luz, relacionado con el verano y todo lo cálido. Alegre y con una gran capacidad para elevar nuestras emociones y estimular el sistema nervioso. Es el color más luminoso de toda la paleta de colores, el más visible y uno de los que atraen nuestra atención con más facilidad, motivo por el cual se utiliza para elementos en los que es preciso que nos fijemos desde lejos: taxis, autobuses escolares, buzones de correo, señales de peligro...

Utilizar el color amarillo en exceso puede provocar nerviosismo, impaciencia o falta de atención.

El color amarillo es perfecto para combinar con otros colores, puesto que puede compensar las cualidades de estos con su efecto visual tan potente. Un pañuelo en tonos amarillos, unos pendientes o una pulsera amarilla pueden ser el broche de oro para cualquiera de nuestros looks. ¿Has pensado en tener alguna camiseta o top de este color para hacer deporte? Su efecto estimulante puede ser de mucha ayuda.

Gris

Solemnidad, seriedad, madurez, neutralidad.

El gris es un color para pasar inadvertido, perfecto para usarlo cuando quieres estar en un segundo plano y que nadie te moleste. El color idóneo para ese momento en que no quieres que nada te distraiga y centrarte solo en tus pensamientos.

Si quieres que un color destaque, júntalo al gris: este le dejará todo el protagonismo.

Como efectos negativos, el gris puede ser sinónimo de aburrimiento, apatía, mutismo emocional, pero solo es necesario tener bajo control el tono de gris que utilizamos y la cantidad de este color para que juegue a nuestro favor en nuestra indumentaria.

Para cualquier situación laboral que requiera una seriedad notable, no dudes en utilizar el color gris: este hará que los protagonistas seáis tú y tu discurso, y dejará en un segundo plano la ropa.

Púrpura

Espiritualidad, autoridad, armonía, lujo.

El color púrpura nos ayuda a expandir nuestra conciencia y conectar con todo lo espiritual. Este color se asocia a la realeza, la nobleza y el clero. Antiguamente, era un tono muy complicado de conseguir (apenas existen elementos de color púrpura en la naturaleza) y, por tanto, su coste lo hacía accesible a una parte muy limitada de la población, lo que le otorgaba una gran exclusividad. Se compone del color rojo (fuego, pasión, fuerza...) y del color azul (seriedad, tranquilidad, sinceridad...). El púrpura es un color que nos da la suficiente tranquilidad, paz mental y desapego del ruido exterior para poder observar pensamientos, ideas y cualquier hecho relacionado con nuestro mundo interior.

Como posibles connotaciones y efectos adversos del púrpura tenemos la arrogancia, la decadencia y el mal humor, pero, al igual que con el resto de los colores, esto se evita con facilidad utilizando los tonos y las cantidades correctas de púrpura.

Aunque en prendas es un color poco habitual (excepto para vestidos de ceremonia), no lo descartes de tu armario; si eliges el tono correcto de tu paleta de colores, puede ser una magnífica opción tanto en ropa como en accesorios.

Naranja

Diversión, comunicación, autoconfianza, sociabilidad.

El color naranja se crea a partir de la mezcla de rojo (estimulante) y amarillo (optimista), y el resultado es un color cálido que eleva nuestro estado de ánimo y puede motivarnos para tomar decisiones aun en situaciones complicadas. Este color nos estimula a la hora de mantener relaciones sociales.

En marketing se utiliza el color naranja para llamar la atención del cliente, como, por ejemplo, en algunos apartados o botones de páginas web en los cuales queremos que el usuario lleve a cabo algún tipo de acción, como contactar con nosotros. Un uso excesivo del color naranja puede relacionarse con superficialidad, inseguridad o con algo barato.

Si quieres transmitir positividad y entusiasmo, tenlo en cuenta para usarlo en alguno de tus looks. Es otro de los colores que, por norma general, no suele estar entre los favoritos, pero, de nuevo, si no te sientes cómodo con una prenda de color naranja prueba a utilizar este color en accesorios (collar, pendientes, gafas de sol, cinturón, corbata, etc.), ya que es un color que, combinado de forma correcta, puede ser un perfecto aliado en determinadas situaciones y looks.

Marrón

Fortaleza, calma, seguridad, estabilidad, confianza.

Es el color de la tierra y del otoño por excelencia. Aunque cuando preguntamos por colores favoritos para prendas de ropa no suele estar de los primeros, sino más bien entre los últimos, es raro el armario que no tiene una gabardina, un abrigo, un jersey o una americana en algún tono marrón. Pero recuerda lo que hemos visto antes (las cuatro estaciones), puesto que es muy importante que elijas el más adecuado para ti. Puede ser una gran opción, a la hora de comprar ropa, optar por prendas marrones; solo debes asegurarte de que de verdad te favorece el tono (puede que un beis haga que la piel se te vea pálida y, sin embargo, un marrón oscuro te resalte la piel, los ojos y el cabello, y sea perfecto para ti). Este color es una señal de tener los pies en el suelo, nos conecta a nuestros orígenes, al igual que un árbol tiene las raíces ancladas a la tierra. Seguridad, fiabilidad y confianza son algunas de las características que comunica el color marrón; por tanto, si tienes que entrevistar a una persona y quieres que sea sincera contigo, este color puede ayudarte a que confíe en ti. Además, como color de la tierra, está relacionado con todo lo natural y orgánico.

La parte negativa del marrón es que también puede denotar aburrimiento, falta de inspiración o poca sofisticación si se usa de forma inadecuada. Sin embargo, combinando con otros colores adecuados, como pueden ser el blanco, el amarillo, el naranja o algún tipo de accesorios coloridos, pasa a ser un color elegante y apto para infinidad de situaciones.

Rosa

Serenidad, romanticismo, sensibilidad, ensoñación.

El rosa se encuentra en un punto intermedio entre la pasión del rojo y la pureza del blanco. Es el color del amor, pero no con un matiz pasional como el rojo, sino un amor maternal que nos protege de una forma muy cuidadosa. Al contrario que el color marrón, el rosa se asocia con la ensoñación y la fantasía (ver la vida de color de rosa) y con el mundo infantil. Romanticismo y sensibilidad siempre van de la mano y son las propiedades que tiene el color rosa. Sin embargo, como ya hemos visto que sucede en la mayoría de los colores, debemos prestar atención a la tonalidad del color, porque, por ejemplo, transmitir calma es una de las principales características del rosa, pero, si dentro de las tonalidades del rosa seleccionamos un fucsia, el efecto sería el contrario, pues transmite mucha energía.

Resumiendo: es muy importante que tengas presente tu paleta de colores cuando vayas a comprar ropa, porque, como ya he dicho, todos los colores de una misma estación combinan entre sí; además, utilizar tu paleta de colores ayudará a crear una perfecta armonía visual en tu imagen. En ocasiones puntuales también es interesante tener en cuenta qué transmite cada color y utilizarlo a nuestro favor, sobre todo en situaciones relevantes, como puede ser una reunión de negocios o una cita.

Formas

Nada más verlo y antes de probarlo:

—Roberto, ese pantalón no me favorece nada.

—¿Por qué crees eso si todavía no te lo has probado?

—Porque tengo las caderas anchas y para disimularlas he

utilizado siempre pantalones ajustados. Estos no lo son y harán que se vean más anchas aún.

¿Por qué crees que tus caderas son anchas? ¿Con qué parte de tu cuerpo las estás comparando para llegar a esa conclusión? Un pantalón ajustado no disminuirá el tamaño de las caderas, ¿verdad que no? Entonces la solución es darle cierto volumen a la zona con la cual estamos comparando las caderas y no buscar prendas ajustadas que las disimulen (porque estas no hacen el efecto deseado).

He vivido esta situación en infinidad de ocasiones con diferentes partes del cuerpo (tengo mucha tripa, mi espalda es muy ancha...); y es que tendemos a esconder lo que creemos que resalta demasiado cuando hablamos de formas corporales. Una vez más, lo realmente importante es la armonía visual.

Existen infinidad de cortes y formas para una misma prenda de ropa. Pongamos como ejemplo algo tan sencillo como una camiseta de manga corta. Podemos encontrar modelos con un corte recto (no ajustada a la cintura); con un corte *slim fit*, cuya característica principal es que queda muy ajustada al cuerpo; otras denominadas *oversize,* cuyo tamaño es mayor al habitual con un tipo de corte muy holgado, aunque sea la talla que nos corresponde; o modelos *cropped*, que terminan por encima del ombligo y dejan al descubierto la cintura. Fíjate en la cantidad de variantes que tienes (y algunas más que no he nombrado). ¡Y estamos hablando de algo tan sencillo como una camiseta!

Te habrás dado cuenta de que es muy importante, antes de comprar ropa, tener claro cuál es nuestra forma corporal para identificar el tipo de prenda que más nos favorece y descartar el resto. Al igual que sucede con los colores, esta estrategia nos ahorrará mucho tiempo a la hora de ir a una tienda y elegir, pero además nos garantizará que la selección que hagamos estará compuesta solo por prendas que nos favorezcan, y así alcanzaremos la armonía visual.

Es irrelevante si somos más o menos altos, si tenemos algún kilo de más o de menos, o cualquier otra característica física que utilicemos como excusa para pensar que no podemos tener una imagen magnífica. Si equilibramos visualmente (con prendas de ropa y accesorios) las proporciones corporales, todas estas características pasan a ser solo elementos de nuestra imagen, que tendremos en cuenta para seleccionar la ropa, pero que siempre jugarán a nuestro favor y no representarán ningún obstáculo para que podamos conseguir nuestra mejor versión. Recuerda siempre que tú no tienes que adaptarte a la ropa, sino la ropa a ti y a tus características, que te hacen único.

ARMONÍA VISUAL

En esto se resume la importancia de utilizar las prendas adecuadas para nuestra forma corporal: en armonizar nuestra imagen a través del corte y el color de las prendas. Mediante la ropa, tanto en hombres como en mujeres podemos lograr que las proporciones de nuestro cuerpo sean armónicas a la vista. Y repito de nuevo: no importa la talla de ropa que utilices, si tus medidas son mayores o menores, ni tampoco si eres más o menos alto. Pero sí es importante conocer todos estos detalles para saber qué prendas utilizar y cuáles evitar.

En el campo de la asesoría de imagen existen muchas maneras de denominar las diferentes formas corporales y cada asesor de imagen usa un número concreto de denominaciones. Todas ellas son válidas, pero en mi caso trato de simplificar al máximo la teoría para que de una manera clara los lectores de este libro, al igual que mis clientes, visualicen qué forma es la que les corresponde.

Vamos a comenzar con la parte de armonía visual correspondiente a la figura femenina. A medida que vayas avanzando, toma nota de la figura corporal que te corresponda. Esta y tu paleta de colores serán la base para tu actualización de imagen.

¿CÓMO PUEDO SABER A QUÉ FORMA CORRESPONDE MI CUERPO?

Puedes determinar cuál de las formas que vamos a analizar a continuación es la que más se asemeja a tu cuerpo de varias maneras, pero siempre llevando puesta la menor cantidad de ropa posible para que esta no distorsione tu forma corporal real. Es preferible que hagas esta primera identificación en ropa interior, para que de verdad puedas apreciar todas tus formas corporales. De las siguientes propuestas, elige la que prefieras o incluso prueba con todas para ver si el resultado es el mismo en cada una de ellas.

La primera se trata de ponerte frente a un espejo y, ayudándote de una cinta métrica, toma las siguientes medidas:

1. Contorno de los hombros (mide la zona más alta que te permita la cinta métrica sin caerse).

2. Contorno de pecho (coloca la cinta en la parte más saliente del busto).

3. Cintura (pasando por la zona más estrecha de esta, más o menos donde terminan las costillas).

4. Caderas: mídelas colocando la cinta métrica en la parte más saliente.

Toma nota de todas las medidas y a continuación hazte una foto frontal en el espejo o bien simplemente dibuja una silueta y anota en ella las medidas que acabas de recopilar trazando una línea que simule la cinta métrica en las tres zonas.

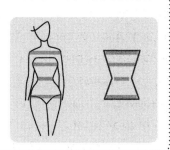

Con esta información ya podrás tener una primera idea de la forma de tu cuerpo y a cuál de las figuras que vamos a describir podría asemejarse más.

El segundo modo de averiguar la forma que mejor se corresponde con tu cuerpo es utilizar dos bastones o dos elementos rectos lo bastante largos. Sujeta cada uno de los bastones en la unión de los brazos con el torso y sostenlos de forma firme contra la parte exterior de las caderas. Esto te permitirá apreciar tus formas corporales y ver tu silueta de forma rápida y sencilla.

Y, por último, otra opción es tomarte una foto frontal e imprimirla, o bien, en el propio móvil/ordenador, trazar la silueta comenzando por los hombros, el pecho y la cintura, y terminando en las caderas.

Si tienes una o varias personas de confianza, podrán ayudarte tanto a la hora de tomar las medidas como para aportar su opinión sobre cuál es tu silueta, puesto que analizarnos a nosotros mismos no es una tarea sencilla. Por supuesto, no juzgues el resultado: no existe una silueta mejor que otra, y se trata de conocer nuestro cuerpo no para cambiarlo, sino para conseguir que nos veamos lo mejor posible, utilizando para ello la ropa y los accesorios que más nos favorecen.

Las formas que describo a continuación no son todas las que existen. De hecho, sería prácticamente imposible mencionarlas todas, puesto que cada cuerpo es único. Pero sí son las más frecuentes y son las suficientes como para servirte de herramienta para avanzar de forma firme y segura hacia la mejor versión de tu imagen.

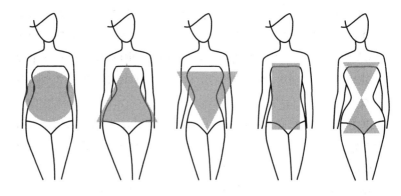

FORMAS CORPORALES FEMENINAS
Y RECOMENDACIONES

Es muy importante que tengas claro el siguiente párrafo. En él resumo la base sobre la que vamos a trabajar las diferentes formas corporales femeninas y el tipo de prendas que más favorecen a cada una de ellas.

Visualmente, la figura que deberías lograr con la ropa es el denominado reloj de arena. Se trata de conseguir, mediante las prendas adecuadas, que visualmente el ancho de la zona de los hombros sea similar al de las caderas y que la cintura esté definida.

Utilizando la ropa y los accesorios apropiados, lograremos llevar la atención al punto que nosotros queramos. Por ejemplo, si tienes las caderas más anchas que la zona superior del cuerpo, no se trata de esconderlas utilizando prendas ajustadas, sino de dirigir la atención hacia la parte superior utilizando para ello prendas con volumen o incluso estampadas. De esta forma, la parte superior se verá más ancha y, por tanto, las caderas resaltarán menos. Conseguiremos, así, crear la armonía visual de la que hablábamos y emular la forma del reloj de arena. Recuerda que no importan la talla, la altura o ninguna otra característica física, porque, de hecho, la figura corporal, en la mayoría de los casos, está basada en tu estructura ósea y no en otro tipo de medidas.

Aclaración: cuando hablo de «dar volumen» a una determina zona del cuerpo no me refiero solo a prendas voluminosas o a que partes de estas tengan cierto volumen (como, por ejemplo, los hombros). Me refiero a conseguir que la atención visual vaya hacia una zona determinada de nuestro cuerpo para compensarla con otra que destaca más de forma natural (recuerda el ejemplo anterior de las caderas).

Algunas características de prendas que son perfectas para atraer la atención o «dar volumen» visual son las siguientes:

> **Estampados:** Cualquier tipo de prenda con un estampado destaca con respecto de una prenda lisa. Por ejemplo, si la zona del torso es más ancha que la de las caderas, una forma de dar volumen a estas últimas es utilizar un pantalón con estampados y una prenda lisa en la parte superior. El pantalón estampado llamará mucho más la atención que la prenda lisa; por tanto, se convertirá en el punto focal y compensará la parte superior.

> **Colores claros:** Una prenda clara es más llamativa a la vista que una oscura. Si tienes los hombros más estrechos que la zona de las caderas, puedes utilizar, por ejemplo, una camiseta de color rojo, y en la parte inferior, una falda blanca. Destacará mucho más el color rojo

y, por tanto, atraerá la mirada hacia esa zona.

› **Adornos:** Una forma de convertir una prenda o zona de la prenda en el punto focal del look es utilizar bordados, tachuelas, todo tipo de ornamentos (como, por ejemplo, las chaquetas con una correa y botón en los hombros) o incluso algún dibujo que tenga la prenda, como puede ser una camiseta con alguna figura. Esta destacará sobre las otras prendas que no lleven adornos y por tanto atraen la atención hacia esa zona.

› **Tejidos:** El propio tejido con el que se ha confeccionado la prenda puede ser más o menos rígido o voluminoso.

› **Corte:** Un corte *oversize* siempre nos dará más volumen que uno *slim fit*. Una camisa con las mangas abullonadas será perfecta si lo que queremos es dar mayor volumen a la zona superior del cuerpo. Y unos pantalones *palazzo* serán la prenda ideal para las personas con la parte inferior más estrecha que la superior, puesto que otorgarán el volumen necesario para compensar ambas.

Teniendo ya claro que nuestro objetivo a la hora de vestirnos es que nuestra silueta se asemeje lo máximo posible a un reloj de arena, veamos a continuación los dife-

rentes tipos de formas corporales, características y recomendaciones para cada una de ellas. Recuerda la
información que has anotado antes (tus medidas y forma
corporal) y trata de identificarla con alguna de ellas, aunque te recomiendo que primero las leas todas para asegurarte de cuál es la tuya.

Reloj de arena

> Las medidas del ancho
  de hombros y caderas
  son similares.
> La cintura está clara-
  mente definida.
> Busto voluminoso.
> Caderas con curvas.

Características

El ancho de los hombros/busto y caderas es muy similar y
tienes una cintura definida, siendo esta la parte más estrecha del torso. En general, tus formas son redondeadas.

Recomendaciones

Si tu figura corporal coincide con el reloj de arena, el mejor
consejo es que no la distorsiones utilizando prendas que no
respeten tus proporciones corporales. Las prendas ajusta-

das o *slim fit* son una magnífica opción. La recomendación principal es que trates de marcar la cintura y que sigas la forma natural tanto de los hombros como de las caderas, utilizando para ello modelos de ropa que los definan.

Prendas

El cuello en forma de «V» o cualquier tipo de cuello alargado será idóneo para ti. Por ejemplo, cuando utilices una camisa, deja al menos un par de botones abiertos, ya que esto dará verticalidad a esa zona. Sin embargo, para la silueta reloj de arena, el cuello alto no es lo más indicado, de manera que, si puedes, opta por otro tipo de cuello.

Prueba también a utilizar chaquetas y tops ajustados a la cintura; la marcarán de forma natural y serán un acierto.

Para la zona inferior una falda lápiz (o falda tubo) será otro de los grandes aliados y hará que las piernas, a la vista, se perciban más largas. Si optas por un pantalón, procura que la cintura sea más bien alta; evita los que sean excesivamente anchos o sin estructura. Es importante que el pantalón se te ajuste a la cintura y que siga la forma de las caderas. A partir de aquí puede ser más o menos ancho siempre y cuando guarde un cierto equilibrio con la parte superior del cuerpo.

En lo que a vestidos se refiere, una de las prendas más interesantes para este tipo de forma es el *wrap dress* o vestido envolvente, ya que este seguirá la forma de tu cuerpo, lo resaltará y acentuará tu figura de reloj de arena. Algo similar sucede si optas por ponerte un mono y con él utilizas un cinturón que te marque la cintura. Verás que tu figura tiene armonía visual.

Triángulo

› La medida del ancho de la cadera es mayor que el ancho del hombro.
› Cintura definida.
› Hombros estrechos.
› Caderas voluminosas.

Características

Esta silueta es una de las más comunes y se define por tener la zona de las caderas más ancha que la cintura, el busto y los hombros.

Recomendaciones

Si tu silueta se corresponde con el triángulo, debes centrarte en dar volumen a la parte superior del cuerpo para equilibrarla visualmente con la inferior. Por tanto, utiliza prendas que llamen la atención hacia esa zona y mantén la parte inferior en un segundo plano.

Una recomendación sencilla es que emplees colores oscuros en la parte inferior del cuerpo y más claros en la parte superior.

Prendas

Para prendas superiores no dudes en optar por chaquetas, jerséis, camisas o camisetas que tengan algún adorno en el cuello, todo tipo de estampados (sobre todo rayas horizontales) o que se hayan confeccionado con un tejido voluminoso (como, por ejemplo, la lana).

Cualquier prenda que tenga hombreras o cierto volumen creado por el propio corte en la zona de los hombros es perfecta para ti, al igual que las que tienen bolsillos en la zona del pecho. Por ejemplo, las chaquetas de tipo militar con tiras en los hombros y los bolsillos frontales te favorecerán mucho si tu silueta es de triángulo.

En lo referente al largo de las prendas superiores, es importante que terminen por encima o por debajo de las caderas, nunca en la zona media de estas, para no atraer la atención hacia esa zona, que es justo lo que tratamos de evitar. Y para los vestidos el largo recomendable es justo hasta las rodillas; el tejido de estos debería ser ligero, con cierta fluidez y no excesivamente ajustado o rígido.

Es aconsejable que los pantalones no tengan ningún tipo de adorno o bolsillos que sobresalgan, puesto que estos atraen la atención a esta zona y no es lo más indicado en este caso. Sin embargo, puedes optar por pantalones de corte recto o ligeramente acampanados; estos te favorecerán mucho más que los pantalones excesivamente ajustados.

Elige cuellos que visualmente te agranden el ancho de hombros: cuello barco, cuadrado, forma de corazón, palabra de honor o cualquiera similar. Utilizar collares llamativos y de cierto tamaño te ayudará a conseguir llamar la atención sobre la parte de arriba; por tanto, es recomendable que tengas algunos para poder combinarlos en diferentes looks.

Triángulo invertido

› El ancho de los hombros es mayor que el de las caderas.
› Cintura poco definida.
› Poca anchura en las caderas.
› Piernas estilizadas.

Características

Tener este tipo de silueta supone que la parte superior del cuerpo cuenta con mayor volumen que la inferior. Las medidas de los hombros y la zona del busto son mayores que las de las caderas.

Recomendaciones

Para crear una armonía visual y equilibrar la parte superior del cuerpo con la inferior, tendrás que poner el punto focal en la inferior y darle cierto volumen para crear la ilusión visual de curvas en la zona de las caderas.

Si perteneces a esta categoría de triángulo invertido, cuando estés creando tus looks recuerda definir la cintura.

Prendas

Cuando uses camisetas, chaquetas, abrigos... elige modelos que no agreguen volumen a los hombros; evita los que tengan hombreras demasiado grandes o algún tipo de adorno en esta zona. A la silueta triángulo invertido le favorecerá mucho el cuello en forma de «V», puesto que este alarga visualmente el torso, al igual que también lo hará el cuello en forma de «U».

Una opción fantástica es utilizar un vestido camisero y dejar varios botones abiertos para conseguir un cuello en forma de «V» muy favorecedor. Además, este tipo de prenda te marcará la cintura y dará el volumen necesario a las caderas, con lo que conseguirás una figura armónica. En lo referente al color, recuerda que los más claros destacan sobre los más oscuros, y en este caso nos interesa llevar la atención a la parte inferior de la silueta. Por tanto, es aconsejable que emplees los colores oscuros arriba y los más claros en la mitad inferior.

Si optas por ropa con estampados, lo mismo: arriba lo recomendable son prendas lisas; puedes elegir los estampados para faldas, pantalones, *shorts*...

Cuando selecciones prendas para tu silueta de triángulo invertido, ten en cuenta las faldas en forma de «A»;

estas serán tus grandes aliadas. También las plisadas, puesto que crearán de inmediato un equilibrio visual en tu figura.

En lo que a pantalones se refiere, procura evitar los modelos muy ajustados (*skinny*). Mejor opta por pantalones de corte recto, pantalones *cargo* con bolsillos laterales, acampanados, tipo chinos (muy recomendables) o por un pantalón *capri*, que es un modelo idóneo para tu figura. Cualquier adorno o estampado que tenga un pantalón también será bienvenido.

Importante

Hemos visto que la silueta triángulo invertido tiene la cintura poco marcada; por tanto, será primordial crear la ilusión óptica de una cintura definida a través de la ropa. Tienes varias maneras muy sencillas de conseguirlo: con un cinturón (no lo limites solo a usarlo con los pantalones; por ejemplo, prueba a ponerte una camisa y el cinturón por encima, o incluso una americana y hacer lo mismo); opta por faldas con la cinturilla diferenciada o más ancha, e intenta que los vestidos o monos (otra prenda que te favorecerá mucho) marquen siempre la cintura, bien sea por el propio corte de la prenda, o bien porque llevan un cinturón.

Rectángulo

> Hombros, busto, cintura y caderas con medidas similares.
> Cintura poco definida.
> Caderas rectas.
> Pocas curvas.

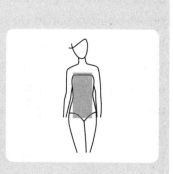

Características

Una de las peculiaridades de la silueta rectángulo es la ausencia de curvas, puesto que el ancho de los hombros, el pecho, la cintura y las caderas son muy similares y, por tanto, el vestuario que elijamos irá orientado a crear estas curvas. También entra dentro de esta ausencia la cintura: no está definida y será una de las prioridades cuando vayamos a crear nuestros looks o a elegir ropa.

Seguramente tengas las caderas poco prominentes y más bien rectas, pero, en cambio, cuentes con unas piernas largas y bien formadas que ayudarán a crear un look proporcionado.

Muchas de las modelos que vemos de forma habitual en la pasarela y las revistas tienen este tipo de silueta. Con la ropa adecuada, acentuando los puntos fuertes y minimizando los que no nos interesan, podemos conseguir una figura armonizada de una forma muy sencilla.

Recomendaciones

La más importante es que debes definir la cintura, y para ello puedes emplear cinturones o la propia cintura de los pantalones o faldas (procura que tengan una cinturilla ancha), puesto que estos te ayudarán a separar «el rectángulo» y a crear dos zonas bien diferenciadas y separadas por la cintura.

Por último, es muy probable que tengas los hombros anchos y marcados, por tanto evita realzarlos más con el uso de hombreras o adornos cerca de ellos.

Prendas

Utilizar un contraste de color es una forma muy fácil y efectiva de diferenciar la parte superior e inferior, además de que define la cintura.

Otra opción interesante para crear formas es utilizar un top o blusa drapeados. Verás que este tipo de prenda se adapta a la perfección a tu figura, con la ventaja de que el cuello suele ser pronunciado y en forma de «V» o «U», lo cual la hace aún más perfecta para ti. Estas dos formas de cuello son excelentes para la figura rectángulo, pero evita los cuellos demasiado cuadrados, pues darán más horizontalidad a los hombros y te ensancharán visualmente.

Si optas por un vestido, recuerda que la zona de la cintura tiene que resaltar, ya sea marcándola por la silueta del propio vestido o bien porque tú misma le añadas un cinturón.

En lo que respecta al largo de la ropa, las camisetas, camisas, jerséis y demás prendas que terminen justo en medio de las caderas harán que estas se enfaticen, lo cual es perfecto. Por supuesto, esto también sirve para la gran aliada de esta figura, que es la chaqueta. Es importante que elijas un modelo con la zona de la cintura bien definida y con cierto vuelo a la altura de la cadera.

Las prendas muy ajustadas y las demasiado anchas (*oversize*), con corte recto y sin forma alguna, las cuales acentuarán aún más la forma de rectángulo no son nada recomendables para la silueta rectángulo.

Y por último, intenta crear combinaciones con pantalones acampanados, pantalones cargo con bolsillos laterales y faldas en forma de «A», todos ellos con cintura ancha, definida y, a ser posible, alta.

Manzana

> Los hombros y las caderas igual o más estrechos que la cintura.
> Pecho de tamaño medio o prominente.
> Cintura poco definida y con cierto volumen en el abdomen.
> Piernas y brazos estilizados.

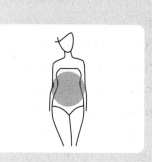

Características

Esta silueta tiene una zona media prominente (el abdomen y, en la mayoría de los casos, también el busto), lo cual convierte a la parte superior del cuerpo en el punto focal. Es similar al triángulo invertido, pero aquel no tendía a tener volumen en la zona del abdomen. Como silueta manzana, los brazos y las piernas estilizados son un punto muy interesante a la hora de elegir ropa. Utilizando las prendas adecuadas podrás crear una silueta equilibrada con mucha facilidad.

Recomendaciones

Vamos a tratar de alargar visualmente la zona superior, evitar que el punto focal sea nuestra zona media (abdomen) y, por supuesto, al igual que en todas las formas que estamos viendo, es muy importante definir la cintura, pero en este caso crearemos una ilusión óptica marcando la cintura en la zona más estrecha del torso. Para la figura manzana esta zona suele estar por encima de la cintura original y por debajo del pecho. Por tanto, cualquier prenda que se ajuste debajo del pecho y quede más suelta en la zona del abdomen será perfecta.

En ocasiones, algunas personas con silueta manzana tienden a utilizar ropa ancha o sin formas con el fin de ocultar el volumen corporal. Esto no es lo más adecuado, puesto que consigues precisamente el efecto contrario. Es muy importante que destaques los puntos positivos y solo camufles las zonas que no quieras resaltar.

Prendas

El cuello en forma de «V» es una excelente opción; siempre que puedas, opta por él, aunque no debes descartar otros tipos de cuellos como el cuello cuadrado o incluso un cuello redondo, pero que sea lo más abierto posible hacia la zona del pecho. En cambio, no es nada recomendable para este tipo de silueta el cuello alto ni el cuello *halter*, ya que darán un volumen innecesario a la zona superior.

Una camisa, camiseta o jersey con cuello pronunciado, ajustados en la zona inferior del pecho y con cierta caída en el abdomen serán, sin duda alguna, una elección ganadora para ti, puesto que visualmente crearán una cintura definida (como puede ser el caso de un vestido con corte imperio).

Recuerda que lo importante es evitar que las prendas se ajusten al abdomen o que el corte acabe justo a la altura de la cintura. Intenta que terminen justo bajo la zona más ancha de las caderas.

Una *blazer* y una chaqueta de punto son dos prendas que no deberían faltar en tu armario. Con ellas podrás crear una de las combinaciones más favorecedoras y sencillas para tu silueta manzana. Por ejemplo: utiliza la chaqueta abierta con una camiseta o camisa de un tono más intenso y al momento conseguirás verticalidad en todo el look. Recuerda que la chaqueta también debe tener cierta forma y no terminar a la altura de la cintura.

Evita los pantalones demasiado ajustados; estos harán que la parte superior se vea más ancha de lo que realmente es. Es cambio, opta por pantalones de corte recto o tipo *bootcut* (ajustados hasta la rodilla y más anchos hasta la zona de los tobillos).

Las faldas en forma de «A» o con cierto vuelo y de un largo hasta la rodilla serán otra de las prendas favorecedoras, pero recuerda que tanto en pantalón como en falda la cintura debería ser alta y, a ser posible, con cierta elasticidad.

Por último, cualquier prenda con efecto drapeado (camiseta, vestido o falda) que cumpla con las premisas de no ajustarse al abdomen, tener un tipo de cuello en forma de «V» o similar y cierto vuelo o forma de «A» en la parte inferior será apropiada para la silueta manzana.

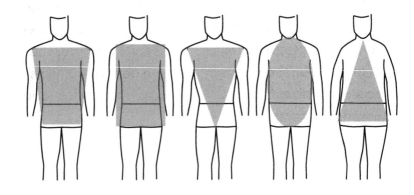

FORMAS CORPORALES MASCULINAS
Y RECOMENDACIONES

Aunque en muchas ocasiones las formas corporales y los diferentes cortes de prendas se han asociado solo a la mujer, nada más lejos de la realidad. Es igual de importante que un hombre conozca su morfología corporal y pueda elegir la ropa que mejor le queda acorde a ella. He seleccionado las cinco formas corporales masculinas más populares. En cuanto te familiarices con el corte y el tipo de prendas que resaltan tus puntos fuertes, te resultará mucho más sencillo crear looks perfectos para ti. En la sección sobre las formas femeninas, nuestro objetivo era crear, sirviéndonos de la ropa, una ilusión óptica lo más similar posible al reloj de arena. En el caso de los hombres, vamos a tratar de conseguir una silueta parecida al trapecio o al triángulo invertido (hombros más anchos que cintura y cadera). Aunque la figura que vamos a tomar como referencia para conseguir la armonía visual es el trapecio o el triángulo invertido, estas son las formas menos comunes de todas ellas, tal y como demuestra un estudio llevado a cabo con 2.000 hombres[2] en el cual quedó manifiesto que:

2. *Five Shapes of Modern Men are Revealed,* Forza Industries, 2017.

> El 42 % de los hombres eran rectángulos; esta es la categoría más popular.

> El 26 % eran óvalos con cierto sobrepeso distribuido por la zona superior del cuerpo.

> Un 14 % de los hombres eran triángulos; es más ancha la zona del abdomen que los hombros.

> Solo un 13 % de los hombres eran trapecios, y un 5 %, triángulo invertido.

Para saber cuál es tu forma corporal puedes utilizar los métodos que indicaba antes para las formas femeninas, puesto que son muy similares, pero, en cualquier caso, puedes averiguarlo de una manera precisa si te mides el contorno de los hombros, el pecho y la cintura. Con estas medidas haz un dibujo sencillo para determinar a qué forma de las cinco que he seleccionado correspondes. También puedes hacerte una foto frontal en ropa interior e ir marcando, con ayuda de una regla, el ancho de hombros, pecho y cintura para a continuación compararlo con las siguientes figuras e identificar la tuya. Esta no tiene por qué coincidir al cien por cien, pero estoy seguro de que será muy similar a alguna de ellas:

Trapecio

› Hombros anchos.
› Pecho ancho.
› Cintura media/estrecha.
› Brazos con cierto vo-
  lumen.

Características

Es una silueta con las medidas bien proporcionadas y con armonía visual. Tiene hombros anchos, igual que el pecho, los dorsales y la espalda, que también lo son. Pero tanto la cintura como las caderas son estrechas o de un tamaño medio. Las piernas y la parte superior del cuerpo están perfectamente equilibradas.

Recomendaciones

Si esta es la figura que más se ajusta a tu silueta, la recomendación principal es que mantengas el equilibrio y la armonía visual que ya tiene tu cuerpo. Esto que a veces puede parecer fácil no lo es tanto, puesto que, debido a lo sencillo que puede resultar vestir a este tipo de silueta, en ocasiones podemos llegar a distorsionarla, utilizando prendas que no siguen sus líneas naturales. Uno de los errores suele ser usar prendas *oversize* o de tamaño demasiado grande, que ocultarán las formas del cuerpo y desproporcionarán la silueta. Lo más apropiado es utilizar prendas *slim fit* o ajustadas, pero no en exceso, para que sigan la forma característica del cuerpo.

Esta silueta al compartir muchas similitudes con el triángulo invertido, si te identificas con ella te recomiendo que también tengas en cuenta los consejos y la ropa que favorece a este.

Prendas

Utiliza pantalones cuya cintura no sea demasiado baja. Tu torso ya tiene un tamaño considerable; por tanto, si el pantalón es de corte bajo, alargará demasiado la parte superior del cuerpo y romperá esa armonía visual que estamos buscando.

Los pantalones con estampado o con algún tipo de adorno son muy favorecedores para la silueta trapecio, también los vaqueros de corte recto (evita los muy ajustados o *skinny*), y no dudes en utilizar cualquier modelo de pantalón con pinzas.

Otra buena elección para la silueta trapecio son las camisas, camisetas o polos con rayas verticales. En lo referente a colores, opta por los más oscuros para las prendas superiores y los más claros para las inferiores. No dudes en utilizar zapatillas con algún color llamativo o zapatos con algo de adorno (hebilla, materiales de distintos tonos...) que llamen la atención hacia la mitad inferior del cuerpo.

Triángulo invertido

> Hombros, espalda y pecho muy desarrollados.
> Cintura muy estrecha en comparación con la parte superior.
> Complexión atlética o musculada.
> Silueta habitual de personas muy deportistas.

Características

Esta figura es fácilmente reconocible, puesto que los hombros son muy anchos y la cintura muy estrecha, con el torso en forma de «V». Se diferencia de la silueta trapecio porque tiene mucho más desarrollada la musculatura que la anterior y corresponde a personas muy atléticas que, con la práctica del deporte, han desarrollado de forma importante los músculos (por ejemplo, los culturistas).

Recomendaciones

Evita dar más volumen del que ya tienes a la zona superior del cuerpo. Procura centrar la atención en la parte inferior para que toda la silueta se vea proporcionada.

Las chaquetas con hombros demasiado estructurados no serán nada aconsejables, puesto que añadirán más tamaño a tus propios hombros, que de por sí ya son voluminosos, y, por tanto, la mitad superior del cuerpo se vería mucho más desproporcionada respecto a la parte inferior. Opta por chaquetas, jerséis o sudaderas con tejidos poco voluminosos y desestructurados para que simplemente sigan la forma de tu cuerpo.

Los cuellos en forma de «V» serán una opción formidable, pues te alargarán visualmente el torso, igual que lo hará cualquier camisa si llevas un par de botones abiertos. Intenta que el punto focal de tus looks esté en los pantalones y compensa la parte inferior utilizando pantalones con algún tipo de estampado, adorno, etc.

Igual que sucedía con la silueta trapecio, los pantalones *skinny* o muy ajustados no son una buena elección. Sin embargo, un pantalón más holgado o de corte recto sí te favorecerá y equilibrará tu figura desde la perspectiva visual.

Prendas

La recomendación principal es que optes por prendas hechas a medida (al menos algunas), puesto que mucha de la ropa se te ajustará a la perfección en los hombros, pero en la zona del abdomen te estará excesivamente holgada.

Algo similar te sucederá con los pantalones, que serán perfectos para el contorno de piernas, pero demasiado anchos en la zona de la cintura.

Además, recuerda que siempre está la opción de llevar este tipo de ropa a un taller de costura para que la ajusten a tus medidas.

Los pantalones cargo con bolsillos laterales serán perfectos para ti, igual que un pantalón tipo chino (con o sin pinzas) o incluso un pantalón *jogger* (de algodón y cintura elástica) también te favorecerá.

Una *blazer* desestructurada será una posibilidad muy acertada, al igual que una chaqueta fina de punto que se te ajuste a los hombros y a la cintura sin aportar un volumen adicional innecesario.

Por último, siempre que sea posible, utiliza cinturón; marcará y diferenciará la cintura.

Triángulo

› Cintura y caderas más anchas que los hombros y el pecho.
› Abdomen con cierto volumen.
› Musculatura poco desarrollada.
› Estructura ósea fuerte.

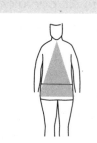

Características

La acumulación de cierto volumen en la zona del abdomen hace que el área de los hombros y el pecho sea más estrecha que la cintura, e incluso puede crear la sensación de hombros caídos. Para conseguir un equilibrio visual sirviéndonos de la ropa, debemos desviar la atención del abdomen y llevarla hacia la zona de los hombros.

Por lo general, este tipo de forma corporal suele contar con unas piernas delgadas, lo cual hace que la parte superior resalte más sobre el resto del cuerpo.

Recomendaciones

Todas las prendas que den volumen a la zona de los hombros, bien sea porque tengan algún tipo de adorno, estampado, color o por el propio corte de la prenda, serán una opción estupenda para esta silueta.

Es aconsejable que en americanas, camisas o jerséis la zona del abdomen no quede muy ajustada, pero tampoco muy holgada, puesto que lo más importante es que los hombros sean más anchos que la zona del abdomen.

Prendas

Las chaquetas con hombros estructurados serán una magnífica elección para la silueta triángulo, pero siempre y cuando no se trate de una americana cruzada, puesto que esta se ceñirá más a la zona del abdomen y fijará en este el punto focal. Utiliza americanas o *blazers* con botonadura simple.

Las rayas verticales en camisas o camisetas alargarán visualmente el torso y si optas por estampados o adornos, procura que estos estén situados en la zona de hombros o pecho para no tener como punto focal el abdomen.

Ten en cuenta que los pantalones muy ajustados harán que la zona central del torso resalte más; por tanto, descarta este modelo, igual que deberías excluir de tu vestuario los que sean muy anchos, puesto que distorsionarán toda la figura. Escoge preferiblemente modelos de pantalón que tengan un corte recto sin que sean muy ajustados ni muy anchos.

Rectángulo

› Los hombros igual de anchos que las caderas.
› La cintura y el pecho igual de anchos.
› Silueta con mucha verticalidad.

Características

La forma corporal rectángulo tiene como característica principal que el ancho de los hombros, las caderas y la cintura es muy similar. Además, dependiendo de si estás más o menos delgado, el ancho del pecho será también muy similar al de la cintura, y es habitual que esta silueta tenga un torso alargado.

Recomendaciones

En el caso de la figura rectángulo, para conseguir el equilibrio visual que estamos buscando a través de la ropa, es importante dotar de ciertas formas a la parte superior y deshacer el aspecto rectangular del torso. Conseguir que la zona de los hombros se vea más ancha será uno de los objetivos a la hora de elegir ropa. Por tanto, toda prenda que nos agrande la zona de los hombros, como por ejemplo una chaqueta estructurada, será perfecta. Además, este tipo de ropa, a la vez que te ensancha la parte superior del torso, creará la ilusión visual de tener la cintura más estrecha, lo que asemejará el torso a la forma de «V» que estamos buscando.

Otra sugerencia para la silueta rectángulo es definir la cintura utilizando prendas que se ajusten a ella, bien por el corte, o bien porque tengan algún elemento que la marque, como puede ser el cinturón de un abrigo.

Prendas

Una vez más volvemos a las prendas comodín en todo armario masculino: la chaqueta americana y la *blazer*. Estas son dos de las prendas que más favorecerán a este tipo de forma siempre y cuando estén estructuradas y tengan los hombros bien marcados, la cintura definida y, si es posible, solapas anchas para ensanchar visualmente el torso.

Los jerséis de cuello alto son otra de las prendas que te favorecerán, igual que lo hará el cuello redondo (evita los cuellos en forma de «V», ya que estos le darán más verticalidad al torso y queremos conseguir justo lo contrario).

En cuanto a camisas, selecciona las que tengan el cuello bien estructurado y un corte que no sea recto, pero tampoco *slim fit* o muy ajustado. En un principio puede parecerte algo complicado, pero es cuestión de probar varios cortes que creas que están en un término medio hasta que encuentres uno que se ajuste a la perfección a la zona de los hombros y al mismo tiempo deje ver la forma de la cintura.

Es aconsejable evitar los pantalones muy anchos o incluso los que tengan mucho volumen o algún adorno en la zona de las caderas. Por ejemplo, si optas por un pantalón chino, procura que no tengan pinzas y, si es posible, que sean de corte *slim fit*. Si no te gustan los pantalones ajustados, puedes decantarte por unos de corte recto o *regular*. Solo trata de no añadir un volumen adicional en la zona inferior, para que no siga la forma rectangular hacia la mitad inferior.

Por último, opta por colores más claros y ropa con estampados en la mitad superior del cuerpo y deja los que sean más oscuros y lisos para la mitad inferior.

Óvalo

› Volumen en la zona de abdomen y caderas.
› Hombros y pecho más estrechos.
› Silueta con formas redondeadas.
› Piernas con menos volumen que la mitad superior.

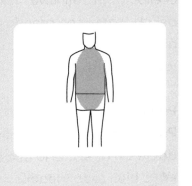

Características

Las personas cuya silueta sea similar a esta tienden a cierta acumulación de volumen en la zona abdominal, lo que produce que visualmente el pecho, los hombros y las caderas (en ocasiones) se vean más pequeños en proporción a esta. La zona del abdomen es más ancha que los hombros y, por tanto, las piernas se ven con un menor tamaño con relación al resto del cuerpo.

Recomendaciones

Conseguir una verticalidad mediante la ropa para restar volumen; podemos conseguirlo con facilidad creando líneas verticales con las prendas. Y no me refiero solo al estampado de rayas verticales, que para camisa es una magnífica opción, sino a llevar la chaqueta o *blazer* abiertas cuando sea posible (dará verticalidad a la parte superior) y optar por cortes rectos y no redondeados (mangas, cuellos...). En definitiva, trataremos de no resaltar la zona del abdomen con prendas demasiado ajustadas en esa área o estampados cerca de ella, e intentaremos alargar toda la figura.

Prendas

Para las personas con este tipo de silueta es recomendable evitar el cuello alto y optar por otros en forma de «V» o bien redondeados, pero que sean lo más abiertos posible.

Las camisas serán perfectas, puesto que permiten desabrochar más de un botón y de esta forma crear una forma de «V», y darán verticalidad a la zona superior del cuerpo. A la hora de elegir camisas o camisetas, fíjate bien en que la costura que une la manga con el resto de la prenda esté situada justo donde se une el brazo con el hombro. Usar una talla demasiado grande hará que la costura quede más abajo y creará una sensación de hombro caído. La silueta óvalo tiene un problema bastante común con las camisas y camisetas y si una talla tiene la costura del hombro y el brazo justo en su sitio, suele quedarle demasiado ajustada en la zona del abdomen. Por este motivo es importante encontrar un tipo de corte y talla idónea para nuestra silueta. Si no, siempre nos queda la opción de llevar la prenda a nuestra modista de confianza para que la ajuste o incluso podemos optar por hacerla a medida.

Para crear la armonía visual que estamos buscando, deberás cambiar los pantalones demasiado ajustados por modelos de corte recto, cintura media o más bien alta (evita la cintura baja) y prestar especial atención a los bajos, para que terminen justo al llegar al zapato y no hagan bolsas, ya que esto hará que las piernas se vean más cortas.

Una posibilidad a la hora de crear combinaciones para este tipo de silueta es optar por looks monocromáticos en tonos oscuros e incorporar el color en los accesorios. Presta mucha atención al cinturón: que este no oprima la zona del abdomen, puesto que hará que la atención vaya directamente a esa zona. Si utilizas traje, una alternativa magnífica es usar tirantes.

En general, opta por tejidos fluidos, ligeros y con cierto movimiento, y no por los que sean rígidos y aporten un volumen innecesario a tu look.

LOS COLORES Y LAS FORMAS SERÁN
TUS MEJORES ALIADOS

A partir de ahora ya sabes cuál es la gama de colores perfecta para ti, conoces la forma de tu cuerpo y el corte de las prendas que más te favorecen.

Para terminar este capítulo tan importante, me gustaría que tuvieras algo muy claro: eres perfecto tal cual eres ahora mismo. No necesitas ser más alto, más delgado, más joven o más rubio para conseguir la mejor versión de tu imagen. Y no eres tú quien debe adaptarse a un determinado tipo de prenda, sino que la clave está en conocer al detalle tu cuerpo, tus preferencias y tu estilo para encontrar la prenda que se adapta a ti. Con toda esta información que has recopilado, ya estás en disposición de crear un armario lleno de prendas con las que te sientas identificado y que sean el envoltorio perfecto para mostrarte al mundo cada mañana y salir en busca de tus metas con una armadura que te haga sentir fuerte y seguro. En los siguientes capítulos te voy a mostrar cómo puedes hacerlo, pero ahora ya tienes dos magníficas herramientas para utilizarlas en tu imagen profesional y personal: tu paleta de colores y el tipo de corte que más te favorece. Adelante, sigue construyendo tu mejor versión.

CAPÍTULO

04

El armario

En muchos casos, en una asesoría de imagen con un cliente esta es la parte más complicada por el tremendo apego que solemos tener a la ropa y por el miedo que nos produce deshacernos de ella. Tendemos a pensar que alguna vez puede hacernos falta, aunque no la hayamos usado en los últimos meses o incluso años. Esta conversación se produce a menudo cuando comienzo a revisar el vestidor de un cliente:

—Por favor, Roberto, no tires mucha ropa.

—Todas las prendas que estén en perfecto estado, que te favorezcan y que además te gusten se quedarán en el armario. Solo tienen que cumplir estas tres premisas. Este pantalón, por ejemplo, ¿cuándo te lo pusiste por última vez?

Empiezo directamente por ropa que sé que no se ha usado en mucho tiempo. De hecho, cuando una prenda lleva meses o incluso años doblada y sin usar, se nota al momento.

—Pues la verdad es que no lo recuerdo, pero es de X marca y además está nuevo.

—Pero ¿lo usas?

—No... Porque no es de mi talla.

—¿Entonces?

—Como está nuevo, lo guardo por si adelgazo. Además, fue carísimo.

—¿Puedes utilizarlo ahora mismo en combinaciones de tu día a día y es una prenda con la cual podemos contar? ¿O simplemente está ocupando espacio y no le das ningún uso?

Y es en este momento cuando el pantalón pasa al montón de «ropa para donar».

Solo utilizamos el 20 por ciento de la ropa que tenemos en nuestro armario durante el 80 por ciento de nuestro tiempo. El resto de las prendas las usamos de forma muy esporádica o directamente no las usamos. Estoy seguro de que te sonará eso de estar frente a un armario de varias puertas lleno de ropa hasta arriba y decir la famosa frase: «¡No tengo nada que ponerme!».

Reflexiona un momento, porque, si este es tu caso, hay algo que estás haciendo mal. Si tienes un armario abarrotado de ropa y no tienes nada que ponerte, es que algo falla. Esto es lo que vamos a analizar de forma detallada, porque para arreglar cualquier problema lo importante es descubrir su raíz. Si has dicho más de una vez eso de «no tengo ropa» o «no sé qué ponerme», lee con atención, puesto que, una vez que hayas terminado este capítulo y si sigues los pasos de forma rigurosa, te aseguro que te enfrentarás de una forma muy distinta a tu armario cada mañana y nunca más dirás que no tienes nada que ponerte.

LOS CINCO MOTIVOS PRINCIPALES POR LOS QUE NO TIENES NADA QUE PONERTE (AUNQUE TU ARMARIO ESTÁ LLENO DE ROPA)

1. **Desorden:** Hay una máxima que siempre les recuerdo a mis clientes: «Lo que no se ve no se pone». Es totalmente imposible que recuerdes de memoria toda la ropa

que tienes, más aún si aquello que podría servirte en un momento determinado está debajo de una pila de ropa, en el último rincón del armario o bien en una percha en la cual hay varias prendas una encima de la otra.

Además, por lo general, cuando vamos a vestirnos para una ocasión determinada casi siempre lo hacemos con prisa. Esto sucede cada mañana a primera hora, cuando hemos quedado y vamos con el tiempo justo, o bien cuando tenemos un evento y se nos echa la hora encima. El poco tiempo hace que nos pongamos nerviosos y lo último que queremos hacer es ponernos a revisar ropa y buscar prendas que no vemos al instante. Y entonces ¿qué sucede? Que nos ponemos lo primero que vemos (no lo que no vemos, obvio). ¿Y qué es lo primero que vemos? Lo que siempre nos ponemos, y, como además sabemos combinarlo porque siempre lo hacemos de la misma forma, no nos complicamos más y repetimos ropa y combinación. Pero mientras nos vestimos vamos murmurando que siempre nos vestimos igual, que todos irán mejor que nosotros, que no tenemos ropa...

¿Crees que esta es la situación ideal para salir de casa feliz, contento y seguro de tu imagen? Más bien no; y una vez que estés preparado, echarás esa última mirada al espejo antes de salir de tu casa y suspirarás algo como «esto es lo que hay y me resigno», pero no reaccionarás, sino que una vez que pase el día o el evento al que ibas, te olvidarás de que tu armario no es tu mejor aliado y de que tienes que hacer algo para cambiarlo, ¡pero ya mismo! Por tanto, el desorden es el primer motivo por el cual muchas veces no sabes qué ponerte, ya que no ves todas las posibilidades que te ofrece tu armario de un vistazo.

2. **Estilo de vida:** Puede que, aunque tengas mucha ropa, esta no esté adaptada a tu estilo de vida. Me explico. Por lo general, la ropa que utilizamos para nuestro ámbito laboral puede resultarnos aburrida en comparación con la que tenemos para nuestro ocio o vida social. Y seguro que nos resulta más sencillo y entretenido comprar ropa para utilizar en nuestro ámbito social, puesto que, además, también la relacionamos con el bienestar o lo agradables que nos resultan esos momentos de ocio.

Sin embargo, ¿cuál es el porcentaje de tiempo que dedicas a la semana a tu trabajo y cuál el que dedicas al ocio? El primero, por norma general, es mucho mayor que el segundo; por tanto, vas a necesitar tener muchas más opciones de ropa que te sirvan para tu ámbito laboral que para tus ratos de ocio.

Algo similar sucede con la ropa de deporte: solemos acumular una gran cantidad cuando en realidad solo invertimos unas horas a la semana en ir al gimnasio. Con mucha menos ropa deportiva sería más que suficiente. (Además, menos cantidad nos permite comprar más calidad). Analiza si este puede ser tu caso. El segundo de los motivos por los cuales «no tienes nada que ponerte» es que tu armario no se ajusta a tu estilo de vida.

3. **Tipo de ropa:** Puede que parte de la ropa que tienes en tu armario no te favorezca, pero sigues conservándola.

Ya has visto en el capítulo anterior lo importante que es elegir el color correcto y el corte adecuado para crear una armonía visual y verte bien. Aunque estés descubriendo ahora estas características que son decisivas para que una prenda nos quede bien o no, siempre has tenido un magnífico asesor de imagen en tu casa: el espejo.

Al probarte algo que no es de tu color o del tipo de corte adecuado, aunque la prenda en sí te guste cuando te mires al espejo, no terminará de convencerte y optarás por alguna alternativa cuyas características hagan que cuando te mires en el espejo de verdad te guste lo que ves. Por tanto, no tiene mucho sentido conservar la ropa que no te favorece: aunque esté nueva o te guste mucho, no vas a usarla jamás si tienes otras alternativas más interesantes.

Aquí también incluyo ropa que es de otra etapa de tu vida, pero que sigue acompañándote año tras año con la esperanza de que algún día se lleve de nuevo (eso de «la moda siempre vuelve») o bien que vuelva a gustarte por algún motivo todavía desconocido.

Y hablando de épocas pasadas, me viene a la mente una frase que es muy probable que te suene y que muchas personas utilizan como excusa para no deshacerse de ciertas prendas de ropa: «Las modas siempre vuelven».

Podemos admitir que cada cierto tiempo aparecen colecciones inspiradas en diseños de épocas anteriores o que vuelven a ponerse de moda prendas que utilizabas hace diez años. Pero esto no es motivo para que

TU MEJOR VERSIÓN

guardes la ropa durante esos diez años esperando a que se ponga de moda. Es posible que cuando este tipo de prendas vuelvan a ser tendencia haya ciertos elementos que no lo sean (botones, hombreras, cuello...), y también es muy probable que en la versión actual el tipo de corte sea diferente o bien se hayan incorporado detalles y, por tanto, se distinga con claridad que no es una prenda antigua, sino una versión actual que evoca a otra época pasada.

Esto sucede cada cierto tiempo con los pantalones de campana, *blazers* o blusas con hombreras muy marcadas, determinados estampados, etc. Pero aun suponiendo que justo la misma prenda que tú has guardado durante diez años sea la que vuelve a salir a la venta, ¿no ha cambiado nada tu cuerpo desde aquella época? Y, además, ¿te ha merecido la pena tener esa prenda ocupando espacio en tu armario durante tanto tiempo? Por supuesto que no, y más tratándose de una prenda de tendencia, lo cual hace que tenga una fecha de caducidad en cuanto pase de moda y que en muy poco tiempo haya de volver al mismo rincón de tu armario donde pasó la última década. Además, cada vez que veas esta prenda te hará recordar el pasado (bueno, malo o regular), y se trata de vivir el presente y disfrutar creando tu versión actual, no pensando en lo bonito que era el pasado cuando esa prenda nos quedaba a la perfección y recordando lo bien que lo pasábamos cuando la utilizábamos. Las modas vuelven, sí, pero en versiones actuales.

Por tanto, no debemos conservar prendas antiguas que no utilicemos.

Además, suponiendo que la moda volviese exactamente igual y se diese la casualidad de que esa chaqueta, pantalón, cazadora o abrigo que tú ya tienes de otra época fuese tendencia, debes tener en cuenta que es muy probable que tu cuerpo haya cambiado a lo largo de los años y la talla o el corte no sean los más indicados para ti en este momento.

Por último, también vamos a incluir en este tercer motivo por el que no tienes nada que ponerte las prendas que guardas porque están en buen estado de conservación, aunque ya no te gustan. Aun así, las guardas por si acaso... ¿Por si acaso cambian tus gustos y vuelven a ser los de antes? ¿Por si acaso cambia tu estilo y retrocede para que ese tipo de ropa vuelva a gustarte? Estos «por si acaso» no van a pasar (menos mal) y solo son una excusa para no deshacerte de estas prendas.

Incluso es muy posible que hace años te encantase un tipo de ropa y hoy ya no. O al contrario, puede que los jerséis de cuello alto, las camisas o los pantalones de campana no te gustasen nada en otra etapa de tu vida y ahora te los pruebes y te encanten. Pero tienes que permitirte esta evolución, probar ropa y looks que antes no habías llevado y dejar un espacio a la innovación en el cual quepa la posibilidad de que ahora sí te guste algo que antes no soportabas. Por tanto, la ropa que ya no es de tu estilo, no es actual o simplemente ya no te hace feliz cuando la utilizas no debería estar en tu armario.

4. Ropa con sentimientos: Otro de los motivos por los que no tienes nada que ponerte es porque en tu armario tienes prendas que conservas solo porque albergan algún sentimiento para ti:

> › Te recuerdan a la persona que te las regaló.
> › Te recuerdan ese viaje tan especial en el que las compraste.
> › Te recuerdan el día en que te las regalaron.
> › Te recuerdan una situación especial.
> › Te recuerdan lo bien que lo pasaste cuando te pusiste esa prenda.

Cada uno de nosotros tenemos ropa, accesorios o complementos que no usamos, pero que guardamos porque nos recuerdan a alguien, algo o un momento concreto. Por lo general, este tipo de ropa solo la guardamos por este motivo y no solemos usarla nunca.

Con este tipo de ropa voy a hacer una excepción: si tienes un número de prendas no muy elevado, puedes conservarlas. Pero solo si la cantidad de ropa que tienes como recuerdo no es grande. De hecho, te diría que no más de entre tres y cinco prendas como máximo, y mejor si de vez en cuando las integras en alguno de tus looks para que no solo ocupen espacio, sino que también sean funcionales.

En esta categoría también tenemos los regalos, que nos han hecho con todo el cariño del mundo nuestros familiares, amigos o pareja, pero que, aunque por desgracia no nos gusten, seguimos conservando, porque, claro, ¡cómo vamos a deshacernos de ellos con la ilusión que tenían cuando nos los regalaron!

Bien, veamos por qué esta es una de las situaciones a las cuales me enfrento de manera habitual cuando reviso vestidores y armarios. Te prometo que, si lo analizas de esta forma, no tendrás mayor problema en deshacerte de estas prendas regaladas que no usas, pero que te da pena regalar o donar: cuando una persona te hace el regalo, lo que pretende con este gesto es demostrarte su amor, cariño o interés hacia ti. El hecho de darte un regalo ya implica que tiene algún tipo de sentimiento de amistad, aprecio o afecto hacia ti, y la ilusión que tú muestras en el momento de recibirlo es más que suficiente para que esa persona perciba que ha cumplido su objetivo.

Por tanto, el fin de estas prendas que nos regalan no es siempre que nos las pongamos, sino mostrarnos unos sentimientos, y, una vez que esto sucede, no tienes por qué conservar la prenda para siempre: esta ya cumplió su cometido y es mucho mejor que pueda estar en el armario de otra persona que sí vaya a utilizarla.

También hay ocasiones en que, a la hora de reorganizar un armario, me encuentro con prendas que albergan sentimientos negativos, un motivo más que suficiente para donarlas:

—¿Sueles utilizar estos zapatos? Veo que están casi nuevos.

—La verdad es que no mucho, pero son de la marca X y me da pena deshacerme de ellos.

—Ah... Vale. ¿Y por qué no los usas más a menudo?

—Bueno, me los regaló mi ex. Los tengo porque están nuevos y además fueron carísimos.

—Muy bien. ¿Te apetece recordar a tu ex cada vez que veas estos zapatos y te los pongas? ¿Crees que es lo más adecuado para esta nueva etapa de tu vida?

—No.

—¿Te parece bien si nos deshacemos de ellos? Ya han cumplido su propósito y ha llegado el momento de decirles adiós (a los zapatos y a los sentimientos que aún te transmiten).

5. **Ropa no apta para usar:** En esta categoría entrarían aquellas prendas que tenemos en nuestro armario, pero que no podemos usar por alguno de los siguientes motivos:

› Tenemos que llevarla a arreglar (meter bajos, mangas muy largas o botones faltantes).

› Está muy gastada y tenemos que reemplazarla.

- Tiene algún tipo de mancha y hay que llevarla a la tintorería.
- No es de tu talla y la guardas para cuando adelgaces. ¿Crees que es beneficioso el sentimiento que produce una prenda que no es de tu talla? ¡En absoluto! Además, si algún día cambias de talla, ya tendrás tiempo para salir de compras. Por ahora céntrate en el ahora y en la talla que tienes en este momento.
- Está sin planchar. Sí, claro que puedes planchar, pero ¿lo vas a hacer justo en este momento cuando estás frente al armario con muchísima prisa porque llegas tarde? Es más que probable que no y directamente lo descartas.
- Falta algún accesorio de la prenda (no encontramos el cinturón que lleva, hemos perdido el broche que la cierra, tenía un cuello adicional a la chaqueta, pero no sabemos dónde lo hemos guardado...).

¿Puedes usar alguna de estas prendas en este preciso momento? ¿Son prendas útiles para tu imagen, puedes contar con ellas para crear tus looks ahora? ¿Te sirve de algo esta ropa en este estado? La respuesta a todo es un «no» rotundo. Y el problema es que, por lo general, solo nos acordamos del «tengo que» cuando necesitamos estas prendas, momento que coincide justo con que tenemos muchísima prisa y simplemente lo solucionamos con un «ya lo haré» que no llega nunca. ¿Alguno de estos puntos o varios de ellos coinciden con lo que sucede en tu armario? Toma buena nota de ello, porque, una vez que llegues al final de esta parte del libro, esto quedará solucionado.

En este capítulo te voy a dar las pautas para que, de una vez, elimines de tu armario los «no tengo nada que ponerme». Vestirte cada día tiene que ser un acto simple, sencillo y que te provoque bienestar y no lo contrario.

A lo largo de mi carrera profesional como asesor de imagen, he visto cambios muy importantes en mis clientes. Estos cambios han comenzado por la imagen exterior, pero, poco a poco, han derivado en cambios a niveles más profundos y, con el paso de los años, la evolución de la persona ha sido espectacular tanto a nivel interno como externo en lo relacionado con su imagen personal y profesional.

Sin embargo, todos ellos han tenido algo en común, y así me lo han comunicado en muchas ocasiones: la parte más complicada de todo el proceso de la asesoría de imagen ha sido la de revisar y reorganizar su armario por la carga de sentimientos implícita en esta tarea. Y esta parte es la que más los inquieta cuando nos conocemos y temen que les vaya a pedir que se deshagan de prendas que quizá un día necesiten. Nada más lejos de la realidad, puesto que, si en algo hago hincapié, es en conservar toda la ropa y los accesorios que sean susceptibles de ser integrados en la imagen actual, siempre y cuando esto sea posible y de verdad se vaya a utilizar.

Una de las premisas de un buen asesor de imagen es aprovechar al máximo todas las prendas que ya tiene su cliente; así este no tendrá que hacer una gran inversión en ropa nueva. Pero también es cierto que una gran parte de tu ropa saldrá de tu armario. ¿Sabes cuál? La que no usas nunca, la que no es de tu talla, la que está muy gastada, la que ni siquiera recuerdas que tienes porque está en el último rincón (y, de hecho, ni te gusta). Toda esa es la ropa que ha llegado el momento de donar a personas que de verdad la necesiten y que vayan a usarla.

Para mí, la revisión de armario es una parte más del proceso de la asesoría de imagen, pero soy plenamente consciente de los miedos y temores que pueden surgir cuando alguien se enfrenta a ello por primera vez. Es lícito que aparezcan.

Solo te pido que cuando te enfrentes a ello confíes en ti mismo y en los beneficios inmediatos que obtendrás cuando termines con esta parte. Por mi experiencia puedo garantizarte que, una vez acabada la revisión de tu armario, sentirás un tremendo alivio y recuperarás la sensación de tener bajo control tu ropa y, por ende, tu imagen. En este mismo instante dejarás atrás los «tengo que» y los «me recuerda a» para centrarte en el momento presente y construir un armario que te sirva para conseguir tu mejor versión actual, aquella que hará que cada vez que salgas de casa y te mires en el espejo eches una sonrisa porque acabas de ver a tu yo auténtico. Y cuando uno sale a la calle mostrando su mejor versión, querido lector, todo cambia para bien.

¿Has entendido por qué aunque tu armario está lleno de ropa no tienes nada que ponerte? Pues vamos a solucionarlo ya.

LOS TRES PASOS PARA CONSEGUIR UN ARMARIO PERFECTO: REVISIÓN, SELECCIÓN Y REORGANIZACIÓN

Antes de comenzar te sugiero que tengas en cuenta los puntos siguientes, que te ayudarán a centrarte en el examen y la actualización de tu armario:

> › Reserva una mañana entera para llevar a cabo esta tarea. Hacerlo un día del fin de semana es perfecto, puesto que no tendremos ninguna prisa por terminar.
> › Lo más recomendable es empezar a primera hora de la mañana: tener la mente despejada te permitirá llevar a cabo el proceso de reeditar tu armario con mayor claridad y capacidad de concentración. Además, es una tarea que puede agotarte

mental y físicamente; por tanto, cuanto más descansado estés, mucho mejor.

› Despeja toda la superficie posible: vas a necesitarla. Pondremos casi toda la ropa que vayamos sacando del armario sobre la cama según hagamos la selección, pero también hará falta espacio alrededor. Prepara bolsas lo bastante grandes para meter la ropa que vayas a donar y descartar.

› Antes de comenzar, consigue suficientes perchas para colgar toda la ropa si las que tienes no son todas iguales. Te recomiendo que sean perchas de madera, puesto que estas no deformarán la ropa, harán las prendas más duraderas y además te permiten girar el gancho para colgar toda la ropa en la misma dirección. No importa el color mientras todas sean iguales y de este material. Las perchas metálicas suelen dejar marcas en las prendas e incluso pueden llegar a dañarlas. Las de plástico suelen ser muy débiles y se rompen con mucha facilidad, además de que soportan poco peso. Utiliza las perchas de madera; una vez que te acostumbres a ellas, no querrás cambiarlas.

› Te será muy útil tener algunas cajitas de tamaño medio para colocar dentro de los cajones de la cómoda o del armario.

› Ponte ropa y calzado cómodos, esta tarea lo requiere.

› Importante: al comenzar con la revisión de armario, apaga el móvil, porque cuando empiezas a estar cansado la tentación de sentarte en el borde de la cama y revisarlo es inevitable. Olvídate del móvil durante este rato: estás trabajando en la que será tu caja de herramientas para salir cada día al mundo y mostrar tu mejor versión. Esto merece toda tu atención sin distracción alguna.

› Lleva a cabo la tarea de reestructurar tu armario de una sola vez e invierte todas las horas que sean necesarias. Hacerlo poco a poco y en varios días no funciona, porque al no ser una tarea agradable (en un principio), es posible que lo vayas dejando. Además, como verás a continuación, en el momento de probarte prendas, si lo haces todo seguido, te irás animando y a cada rato que pase serás más objetivo y más consciente de la situación actual de tu armario. Organízate para poder hacerlo todo en un mismo día y en una sola sesión. Cuando hablo de armario también me refiero, por supuesto, a que tienes que revisar cómodas, cajones, altillos y todos aquellos lugares en los cuales guardes ropa, calzado, complementos...

› Como último consejo, disfruta, porque en el proceso de actualización de tu imagen esta parte es uno de los mayores indicativos de que estás saliendo de tu zona de confort. Justo fuera de esta es donde nos esperan las mejores cosas de la vida, incluyendo la imagen que deseas y la que de verdad te representa.

Comenzamos.

Revisión

Empieza por abrir todos los armarios y echar un vistazo a la ropa que tienes en cada uno de ellos. ¿Cuál es tu primera impresión? ¿Qué colores predominan? ¿Qué formas y cortes has comprado más hasta el momento, de manera consciente o inconsciente? ¿Coinciden con los colores y tipo de prendas que te favorecen y que ya conoces? ¿En tu vestuario hay todavía ropa sin estrenar y con la etiqueta puesta?

Aquí toca hacer un breve paréntesis para hablar de la ropa que guardamos con etiqueta o sin ella, pero que nunca hemos usado y está nueva. ¿Te has preguntado por qué la compraste? Por supuesto que no fue por necesidad, ya que, de haber sido así, la habrías usado en al menos alguna ocasión, y no es el caso. Hay tres motivos por los cuales encontramos en nuestro armario prendas nuevas a estrenar que nunca hemos usado después de comprarlas:

1. Tengo un mal día, estoy de bajón y me voy a comprar algo porque me lo merezco. ¡Me lo llevo!

2. He tenido un día estupendo, estoy feliz y me lo merezco. ¡Me lo llevo!

3. No me convence mucho, pero por el precio tan bajo que tiene, ¡me lo llevo!

Identifica por cuál de estos motivos (o algunos similares) has comprado las prendas que todavía no has estrenado y también por qué no las has usado. Dedícale un momento a esto, porque, una vez que tengas que tomar la decisión de deshacerte de ellas, te resultará más sencillo si has identificado el motivo por el cual están en tu armario. Tampoco le des muchas vueltas: la ropa ya está comprada y es pasado, lo importante es que a partir de ahora seas consciente de no utilizar las compras como algo asociado con el ocio, sino que lo veas solo como una necesidad analizada y planificada con antelación. De esta forma, nunca más volverás a comprar ropa en función de un estado de ánimo o por su precio, sino porque de verdad es necesaria en tu armario.

Toca seguir con la revisión. Habíamos dicho que tienes que abrir todos los armarios, cómodas, cajones, altillos de tu casa. No dejes atrás ningún armario; ni siquiera el de la entrada, donde guardas las chaquetas y los abrigos, ni tampoco ese altillo donde ni recuerdas que tienes una caja con ropa, ni ese trastero en el cual guardaste toda aquella ropa de la que no quisiste deshacerte «por si acaso», pero que nunca has vuelto a revisar (a pesar de las veces que has dicho «a ver si me pongo a revisar las cajas de ropa»). Nunca es el momento adecuado. Pues ahora estás en el momento perfecto para hacerlo.

Identifica todos los sitios donde almacenas ropa y complementos (zapatos, bolsos, fulares, mochilas, etc.). ¿Tienes claro todo lo que tienes y dónde se encuentra? Bien, entonces ahora te toca coger fuerzas y meterte de lleno en la maravillosa tarea de quitar todo aquello que no te deja ver con claridad con qué ropa puedes contar, cuál usas y cuál no.

Selección

Vamos a crear sobre la cama o sobre cualquier otra superficie grande y despejada tres secciones principales y una adicional más pequeña. Para que las identifiques con facilidad, puedes poner el nombre de cada una de ellas sobre un folio y situarlo en el espacio que le corresponda. De hecho, te recomiendo que lo hagas, porque cuando estés en medio de la vorágine en la que se convertirá tu dormitorio o vestidor es muy probable que ya no recuerdes a qué corresponde cada zona o montón de ropa. Identificaremos de la siguiente forma las tres zonas:

1. Se queda   3. Volver a revisar
2. Se va

Como ya he dicho, como profesional de la imagen esta es la parte de mi trabajo en la que más tengo que apoyar y guiar al cliente, pues a la mayoría les cuesta decidir qué ropa deben desechar.

Si quieres que todo este proceso sea un antes y un después para tu imagen personal y profesional, es fundamental que, llegados a este punto, seas totalmente sincero contigo mismo y no dudes ni un segundo a la hora de deshacerte de prendas que no te sirven para nada más que para ocupar sitio y hacerte creer que tienes mucha ropa, cuando en realidad «no tienes nada que ponerte» la mayoría de las veces. Toma como mantra esta frase y repítela mientras revisas la ropa:

Si dudas, deshazte de ello.

Empieza por la parte del armario que quieras. Puede que los pantalones sean un buen comienzo, porque solemos tener identificados con claridad cuáles usamos y cuáles no. Pero si prefieres empezar por otra sección, perfecto. Lo único que te pido es que no vayas saltando de un tipo de prenda a otro, sino que hagas la selección de todos los pantalones, todas las camisas, todos los jerséis, etc., al mismo tiempo. Una vez que el ojo se acostumbra a una prenda, diferencias enseguida cuál te queda bien y cuál no tanto.

Por supuesto, no puedes hacer la selección a ojo, excepto con aquellas prendas que sepas que te quedan bien porque te las pones de forma habitual, o las que llevas muchísimo tiempo sin usar y directamente decides descartar. Tendrás que probarte esas que no sabes cómo te quedan y ver qué haces con ellas.

Veamos qué va en cada sección.

SECCIÓN «SE QUEDA»

La ropa que pongas en este apartado tiene que estar en perfecto estado, ser de tu talla, tiene que gustarte y además tienes que ponértela de forma habitual. Si no la has usado durante la última temporada (por ejemplo, en todo el invierno anterior), no puede quedarse aquí porque no te las vas a poner nunca más. Tampoco se quedará si la has usado una vez en toda la temporada, pues no la consideraremos una prenda útil.

Exceptuando la ropa de ceremonia, que ya presuponemos que vamos a usar en contadas ocasiones durante el año (pero, en este caso, ese es su fin), tenemos claro qué prendas utilizamos de forma habitual, sea para nuestro trabajo, vida social o eventos. También puede darse el caso de que haya prendas que uses tanto que estén gastadas. Todos tenemos ese vaquero que echamos a lavar y volvemos a ponernos en cuanto está disponible. Perfecto. Si una prenda está muy gastada por el uso que le hemos dado, es que hicimos una compra magnífica, la prenda ha cumplido su cometido y ha llegado el final de su ciclo de vida. Toca deshacernos de ella y volver a encontrar algo similar para que podamos disfrutarla, pero en perfecto estado de uso.

Recuerda: Debes dejar solo la ropa que utilizas, que te gusta, que te representa e incluso me atrevería a decir que te hace feliz cuando la utilizas.

No pongas en esta sección prendas alegando que están nuevas, que te costaron muy caras o que fueron regalo de alguien especial. Este trabajo te va a servir para mostrarte al mundo cada día tal cual eres, y para ello necesitas ropa que te represente, que exprese tu personalidad y que te transmita seguridad en ti mismo. Por tanto, en la sección «Se queda» deja solo la ropa que reúna todas estas características o alguna más que tú quieras añadir.

Si no haces nada nuevo, si no gestionas tu imagen de forma diferente a como lo has hecho hasta ahora, el resultado no puede ser diferente al de todos estos años. Piensa que estás cerrando una etapa de tu vida con este proceso.

SECCIÓN «SE VA»

En esta sección pondrás toda la ropa que solo ocupa espacio en tu armario, distorsiona la realidad (crees que tienes mucha ropa, pero la mayoría de ella no la usas) y que, además, en muchas ocasiones, te hace sentir mal.

¿Qué sensación tienes cuando te pruebas una camisa o un pantalón que no son de tu talla? Puede ser cualquier cosa menos agradable y aun así vuelves a guardarlo en el armario para cuando adelgaces. ¿De verdad merece la pena? Te digo que no, bajo ningún concepto. Tu armario tiene que ser funcional y estar compuesto por prendas que puedas utilizar ahora mismo y no en un momento indefinido del futuro.

Por favor, deshazte de las prendas que no son de tu talla, sin titubear, sea ropa de talla menor o mayor que la que usas en este momento. Solo se queda la ropa que te sienta a la perfección y con la que te sientes cómodo.

En esta sección de ropa que se va de tu armario también vas a poner las prendas que no son de tu estilo actual o simplemente ya no te gustan.

¿Crees que si tienes ropa que de verdad te gusta y te favorece vas a encontrar alguna ocasión para usar ropa con la que no te identificas? No va a suceder. Son, de nuevo, prendas que solo ocupan espacio y que no tienen utilidad.

¿Recuerdas lo que comentamos sobre la ropa que había sido tendencia en otra época? Pues también ha llegado el momento de decirles adiós a esas prendas de ropa que guardas desde hace años porque la moda siempre vuelve y quién sabe... Después de haber reorganizado unos cuantos armarios puedo contar con los dedos de una mano las prendas de otras épocas que un cliente ha vuelto a usar; además, la mayoría de las veces ha tenido que actualizarla con la ayuda de un taller de arreglos.

No lo pienses, no dudes, sigue adelante con tu tarea y procura que la mente no te haga pensar que vas a necesitar en algún momento esa prenda que no has usado en los últimos meses/años. No es cierto, jamás las vas a usar, y si no quieres seguir con los mismos problemas que has tenido hasta ahora en el armario, no hagas caso a la mente ni al apego sin fundamento. Sigue con la tarea de avanzar hacia la mejor versión de tu imagen.

SECCIÓN «VOLVER A REVISAR»

En esta tercera sección irás poniendo las prendas que en un primer momento no estés seguro de si van a quedarse o si deben salir del armario.

Sigue con tu fortaleza y determinación a la hora de depositar ropa en esta sección y deja solo lo que no cumple los requisitos para estar en la sección «Se va», aunque todavía te queden dudas de si vuelve al armario o si definitivamente te despides de ella.

Es posible que al principio pongas unas cuantas prendas, pero a medida que pase el tiempo cada vez haya menos ropa en el «montón para revisar» y al final del proceso de limpieza de tu armario apenas incluirás ropa en este apartado.

Una vez vaciado todo el armario es cuando deberás hacer una revisión de toda la ropa que has puesto en esta sección.

Te sorprenderá, pero verás que al final ni siquiera te probarás muchas de estas prendas porque verás de inmediato que ya no quieres que vuelvan a tu armario. Al principio los clientes van revisando todo de forma más lenta, dudan, analizan..., pero llega un momento en el que la mente les hace «clic» y todo comienza a fluir, y lo que en un principio era temor a quedarse sin ropa se convierte en determinación y empuje para seguir hacia la meta de tener un armario impecable.

Por tanto, examina esta sección de «Volver a revisar» al

final del todo y decide qué ropa de la que has puesto aquí se va o bien se queda y vuelve al armario.

Una última cosa muy importante: ¿Tienes claro qué hay que hacer con una prenda si dudas? Pues nada más que añadir.

SECCIÓN «PUESTA A PUNTO»

Recordarás que antes indicaba que el espacio debía estar dividido en tres secciones principales y una adicional. Bien, pues esta última será el apartado donde pondrás la ropa que hay que poner a punto y que, por un motivo u otro, nunca arreglas hasta que la necesitas.

Recordamos que falta un botón en una camisa o que no hemos metido los bajos de un pantalón en el momento en que los necesitamos para utilizarlos. ¿Y qué ocurre entonces? Que una vez más, y como siempre cuando tenemos que elegir nuestro look, no tenemos tiempo, así que volvemos a meter la camisa o la prenda de nuevo en el armario (hasta la próxima vez que nos haga falta). Si no ponemos esta ropa a punto, también está ocupando espacio en nuestro armario, pero no nos sirve, puesto que cuando la necesitamos no la podemos usar. En este apartado pondrás aquellas prendas que necesiten pasar por la tintorería, las que tengas que llevar al taller de costura para hacer cualquier arreglo (botones, bajos de pantalón o faldas, etc.), zapatos que tengan que pasar por el zapatero o cualquier otra cosa que sea necesaria para que puedas usar la prenda y los complementos siempre que lo necesites.

Te sugiero que lleves toda esta ropa junta para que la pongan a punto y de una sola vez el mismo día.

Importante

Una de las excusas más habituales que ponemos para no deshacernos de ropa es «esto lo dejo para estar por casa». No caigas en este error y piensa en la cantidad de ropa que necesitas para estar en casa. Suele ser muy poca: una vez que nos ponemos cómodos en casa, solemos optar siempre por las mismas prendas. Además, estar cómodo en casa no significa ponernos cualquier prenda gastada, que no sea de nuestra talla o que no nos guste. Pasamos muchísimo tiempo en nuestro hogar y, además de estar cómodos, no está de más que cada vez que pasemos delante del espejo nos guste lo que veamos.

Por tanto, las prendas de «estar por casa» también deberían favorecernos, gustarnos y hacernos sentir bien cuando las llevamos. Ten esto muy presente cuando estés haciendo la selección de ropa, puesto que es algo que veo muy a menudo y es una forma más de volver a guardar ropa que no utilizamos.

También debes revisar los complementos y accesorios, y dedicar todo el tiempo necesario a seleccionarlos, puesto que son parte fundamental de tu imagen. Igual de poco práctico es tener un armario desordenado que ir a sacar un collar de nuestro joyero y que salga todo lo que hay dentro enganchado al collar sin posibilidad alguna de distinguir qué tenemos. En el caso de los hombres, se traduce en que los gemelos estén cada uno en una esquina del fondo de un cajón. Aprovecho para hacer un pequeño paréntesis e indicar la diferencia entre estas piezas esenciales para nuestra imagen:

› **Complementos**: Se trata de elementos que son indispensables dentro de nuestra vestimenta porque tienen alguna utilidad. Aquí entrarían los bolsos, cinturones o los zapatos.

› **Accesorios**: La función de estos es más ornamental que práctica y hablaríamos, por ejemplo, de pendientes, colgantes, gemelos o relojes.

Bien, pues tanto los accesorios como los complementos hay que revisarlos con la misma minuciosidad que el resto de la ropa. De nada nos sirve tener veinte pares de zapatos si la mitad son del mismo color, unos cuantos están ya gastados y otros tantos nos hacen daño, pero no los tiramos porque están nuevos. Una vez más: ¿vas a ponerte alguna vez los zapatos que sabes que te hacen daño si tienes otros que te gustan mucho más y con los que vas más cómodo? Pues no hay nada más que pensar y ha llegado el momento de despedirse de ellos. Haz lo mismo con pendientes que tengas sueltos; colgantes que, debido al paso del tiempo, se hayan deteriorado; cinturones que están ya muy gastados; relojes que no usas desde hace muchísimo tiempo, o las decenas de gafas de sol de las que siempre usas el mismo par o a lo sumo dos de ellos (junto a la gran cantidad de estuches vacíos que seguramente tendrás).

Este es el momento de ponerte manos a la obra y lograr tu objetivo. Solo te pido una vez más que durante todo el proceso de selección tengas presente nuestro mantra:

«Si dudas, deshazte de ello».

¿QUÉ HAGO CON LA ROPA Y LOS COMPLEMENTOS QUE YA NO VOY A NECESITAR?

Tienes varias opciones, pero ninguna de ella es que se queden guardados en tu casa, en el altillo o en el trastero. La ropa que hayas decidido que ya no te sirve y que no tiene que estar en tu armario debe salir de tu casa cuanto antes, porque es muy probable que, si la dejas dentro, en un momento de bajón decidas que te habías emocionado demasiado a la hora de seleccionar y empieces a meter de nuevo en el armario ropa que no es útil.

Por tanto, lo primero que debes hacer, nada más terminar la selección, es sacarla de casa y decidir cuanto antes qué vas a hacer con ella:

> **Donarla:** Es una de las mejores opciones, ya que la ropa que no es práctica para ti puede ser perfecta para otra persona que probablemente, además, la necesite. Por tanto, dona todo aquello que esté en buen estado y a lo que puedas darle una segunda vida para que otra persona pueda disfrutarlo. Puedes ir directamente a alguna asociación benéfica, a tiendas de segunda mano cuyos beneficios estén destinados a algún fin social o bien a la parroquia de tu barrio, donde seguro que la recogen para entregarla a quienes la necesiten.

> **Regalarla:** Si tienes algún amigo, conocido o familiar que esté interesado en utilizar la ropa que tú ya no quieres, puedes dársela a él. Esta es otra forma de darles una segunda vida a las prendas. En ocasiones, alguna clienta mía ha organizado una tarde de café con amigas y ha aprovechado para que eligiesen la ropa que ella ya no iba a utilizar. Pero recuerda que solo pueden ser las amigas o los amigos y no tú quien elige qué prendas quedarse. No bajes

la guardia y vuelvas a meter en el armario ropa que ya habías descartado.

› **Venderla:** Otra opción es que vendas la ropa que tú ya no usas, utilizando alguna de las múltiples plataformas que existen hoy. Si le dedicas un poco de tiempo, es muy posible que consigas sacar algo de dinero por toda esa ropa que tenías en el armario y que no hacía sino quitarte espacio. Puedes utilizar este beneficio económico para añadirlo a tu presupuesto cuando llegue el momento de comprar ropa nueva.

› **Tirarla:** Deberías deshacerte de todo lo que hayas sacado de tu armario y que no puede ser usado por otra persona, bien porque está ya muy gastado, tiene alguna mancha que no se quita o simplemente porque no se encuentra en un estado adecuado. Ahora es el momento de deshacerte para siempre de estas prendas. Lo más habitual es que optemos por todos o al menos por varios de los puntos anteriores al mismo tiempo basándonos en nuestros propios criterios. Pero, en cualquier caso, toma la decisión de qué vas a hacer con la ropa que has sacado del armario lo antes posible para que salga de tu casa y esté en el lugar que le corresponde, que no es tu armario.

Ahora te toca a ti enfrentarte a tu armario y avanzar un paso más. Si es necesario, revisa todos los pasos anteriores hasta que los tengas claros y no dudes ni un momento; solo avanza en tu misión, que es conseguir un armario impecable.

Una vez llegados a este punto, te felicito, porque has superado uno de los pasos más difíciles del proceso de actualización de tu imagen. Te pido una última cosa antes de pasar al siguiente paso, que es el de la reorganización del armario: dedica un momento a mirar todo lo que había dentro de tus armarios, cómodas, cajones, etc., y toma conciencia de la cantidad de ropa que tenías. Pero no solo eso; además, echa un último vistazo a toda la ropa que no te sirve y que tenías guardada. ¿Te imaginas la cantidad de dinero que has gastado en esa ropa? Sé consciente de ello y recuérdalo la próxima vez que salgas de compras sin haberlo planificado antes; imagina cuántas prendas de magnífica calidad podrías tener si esa misma cantidad de dinero la hubieses invertido de forma consciente en ropa que utilizas en tu día a día.

Vamos a por el siguiente paso.

Reorganización de armario

Te voy a dar unas pautas generales para que vuelvas a organizar tu vestidor, armario o cómodas. Aquí entran en juego las preferencias personales, puesto que cada uno tenemos nuestras pequeñas manías a la hora de ordenar la ropa, todas ellas totalmente válidas. No obstante, seguir una guía y tener unas pautas a la hora de reorganizar el armario siempre nos ayuda a conseguir nuestro objetivo.

CÓMO ORGANIZAR TU ARMARIO DE FORMA SENCILLA Y PRÁCTICA

› **Tipo de prendas y colores:** Para comenzar, coloca todas las prendas del mismo tipo juntas (camisas con camisas, pantalones con pantalones...) y, dentro de estas categorías, organízalas por colores para que, de un vistazo, puedas identificar la prenda y el color que queremos seleccionar.

De esta forma, cuando vayas a crear una combinación, por ejemplo, de pantalón vaquero con camisa azul, sabrás al momento dónde está cada uno de ellos y no tendrás que revisar todo el armario y perder tiempo. En este punto del libro ya sabes lo valioso que es cada segundo de ese momento en el cual tenemos que elegir un look y siempre vamos justos de tiempo.

> **Qué colgar y qué doblar:** Por norma general, cuelga las prendas que se arrugan con más facilidad o que, por tamaño, te resulte práctico tener en una percha. Aquí, de nuevo, depende mucho de tu preferencia personal, ya que, por ejemplo, a muchos de mis clientes les gusta tener los pantalones doblados, mientras que otros prefieren colgarlos en perchas o bien en las barras extraíbles para pantalones que tienen algunos armarios.

Evita colgar las prendas de punto, puesto que son muy propensas a deformarse si las tenemos en perchas. Mejor dóblalas y guárdalas usando el mismo patrón según el tipo de prenda (por ejemplo, chaquetas de punto por un lado y jerséis por otro) para mantenerlas siempre en perfecto estado.

La forma de doblar la ropa depende de las preferencias personales y no es relevante siempre que el resultado final se vea ordenado y permita ver todas las prendas de cada sección. En cualquier caso, te recomiendo que dediques algo de tiempo a ver algún vídeo sobre ello, puesto que existe una gran variedad de tutoriales que pueden aportarte nuevas ideas y enseñarte formas muy interesantes de doblar y guardar la ropa.

> **Complementos y accesorios:** ¿Recuerdas que te decía que sería interesante conseguir unas cajas pequeñas o divisores de cajones? Pues este es el momento de usarlos para organizar los complementos.

Igual que has hecho con la ropa, guarda solo los complementos que utilices de verdad. Debes considerarlos parte fundamental de tu armario, puesto que en muchas ocasiones algo tan simple como un cinturón puede ser el elemento que te ayude a crear el look perfecto. Un fular aportará el toque de color necesario; un reloj puede ser el elemento diferenciador cuando lleves un traje.

La tendencia general a acumular y no deshacernos de los complementos es igual o incluso mayor que con la ropa, dado que es menos frecuente que se deterioren; por tanto, aunque los tengamos desde hace muchos años y su uso haya sido prácticamente nulo, siempre pensamos que vamos a usarlos en algún momento. Por ejemplo, has ido acumulando un número considerable de cinturones, pero ¿cuántos utilizas? Un par de ellos o tres; el resto hace tiempo (por no poner directamente años) que no los usas. Sin embargo, como los ves en buen estado, «por si acaso» no te deshaces de ellos, y así siguen ocupando espacio y distorsionando tu armario, ya que creerás tener una gran cantidad de complementos cuando la realidad es que de todos ellos solo te gustan unos pocos.

Si no lo has hecho ya, aprovecha este momento, antes de volver a guardarlos, para revisar qué complementos y accesorios dejas y cuáles no, y en lo referente a la reorganización de estos, veamos cómo colocarlos:

› **Cinturones:** Enrollados y dentro de una caja todos juntos, pero teniendo en cuenta que de un vistazo debemos ver todos los que tenemos. Por supuesto, si tu armario tiene un cajón con divisiones, no tienes más que colocarlos dentro de estas, pero la opción de la caja para quien no tenga esta división será perfecta: los tendrás todos juntos y bien localizados.

› **Bolsos:** Busca un espacio donde puedas tenerlos todos juntos y colócalos en vertical, uno al lado del otro. Organízalos por tipo de bolso o por tamaño, además de por colores, como una subsección dentro de esta última.

Los bolsos que no uses de forma habitual pueden deformarse si pasan mucho tiempo doblados; por tanto, es recomendable que los rellenemos con algo para que mantengan la forma original. Un truco es meter papel de periódico arrugado en una bolsa e introducirla dentro del bolso para que mantenga la forma.

› **Corbatas:** Puedes guardarlas dobladas en cajas pequeñas (existen con pequeñas divisiones individuales) o bien colgarlas en perchas específicas para corbatas. Por supuesto, si tu armario tiene un cajón con las divisiones ya hechas, será perfecto, pero, en cualquier caso, lo importante una vez más es que las veas todas de un solo vistazo.

› **Accesorios:** En este apartado vamos a incluir todos lo relacionado con joyería, bisutería, relojes, gemelos... Al igual que con el resto de las prendas y los complementos de nuestro armario, es importante que organices todo según el tipo de accesorio que sea. En muchas ocasiones juntamos todo en una misma caja o cajón, o bien tenemos un joyero, pero es un caos y está todo mezclado.

Puedes encontrar una gran variedad de modelos de joyeros o cajitas específicas para guardar pendientes, collares, pulseras, anillos, relojes o gemelos de una forma organizada y muy fácil de identificar. Además, así nuestros accesorios estarán mejor cuidados y nos durarán más tiempo en un estado impecable. Los accesorios son una parte imprescindible de tu imagen y sin ellos ningún look está completo. Por tanto, vas a usarlos casi a diario y debe resultarte muy sencillo elegirlos.

> **Zapatos:** La forma más sencilla y efectiva de organizarlos es por tipo de zapato (con cordones, hebilla, deportivas, planos, tacón, bota...) y, dentro de estos, colocados por colores. Deja en la parte más accesible del zapatero los que uses habitualmente y, si no tienes suficiente espacio, guarda los que no sean de la temporada (invierno/verano) fuera del zapatero hasta que llegue el momento de hacer el cambio de temporada. No tiene sentido que las sandalias estén ocupando espacio durante todo el invierno cuando las podemos tener perfectamente guardadas hasta que llegue el buen tiempo.

En esta zona de almacenamiento de zapatos es muy conveniente tener también siempre a mano un *kit* de limpieza para acordarnos de que cada cierto tiempo deberíamos dedicar un rato a cuidarlos y tenerlos siempre impecables. A mis clientes suelo recomendarles que lo hagan semanalmente, ya que en pocos minutos tendremos los zapatos en perfecto estado de revisión y bien cuidados para que nos duren el máximo tiempo posible. También te resultará muy útil tener a mano una esponja para abrillantar los zapatos y utilizarla a diario antes de salir de casa, ya que en unos segundos tendrás unos zapatos relucientes, aunque esto no te exime de la rutina de limpieza y cuidado más profundos cada cierto tiempo.

Por último, es una muy buena opción utilizar hormas para que los zapatos mantengan siempre la forma original y no se deformen cuando los tenemos guardados sin usar durante mucho tiempo.

> **Cambio de armario:** Seguimos en la parte de reorganizar el armario, y en este momento en tu armario debe quedar solo la ropa que corresponda a esta temporada; la de otras almacénala en otra parte, a menos que diferencies ambas si tienes espacio suficiente en tu armario o vestidor. Yo soy muy partidario, aunque tengas suficiente espacio en tu armario, de hacer al menos dos cambios de armario al año, porque de esta forma nos obligamos a revisar la ropa que hemos usado y la que no, y podemos aprovechar para hacer una limpieza de prendas.

Nuestro armario debe ser funcional y contener solo prendas de ropa que nos resulten útiles para nuestro día a día. No tiene mucho sentido que los bañadores, pantalones cortos y vestidos de la playa estén ahí cada vez que abramos nuestro armario en invierno.

Tienes la opción de guardar en cajas y fundas toda la ropa que no sea de temporada y almacenarla en otro lugar (altillo del armario, trastero, etc.), o bien dedicar una parte de tu armario a esta ropa fuera de temporada, utilizando para ello alguna zona menos accesible o que tenga peor acceso, como la parte trasera de algunas baldas o la zona más baja del armario.

Cuando guardes estas prendas de fuera de temporada, procura que estén bien dobladas y organizadas para que cuando vuelvas a ponerlas en el armario sea simplemente volver a colocar y no estén llenas de arrugas. En muy poco tiempo puedes hacer los cambios de armario cada temporada y mantener todo bien revisado y en orden.

Por último, en esta parte de reorganización de armario es esencial que la ropa y los accesorios queden holgados, con espacio entre ellos, para que cuando abras el armario de un vistazo tengas muy claro dónde está cada cosa. Además, mientras organizas, intenta que todo esté a la vista, porque las prendas que no vemos no las utilizamos. ¿Te suena ese montón de camisetas que son casi inexistentes y que se esconden unas entre otras? Sí, esas que hace meses que no te pones porque cuando las ves dices: «¡Ah, ya ni me acordaba de que las tenía!». Pues precisamente eso es lo que tienes que evitar. Al menos el 80 por ciento de las prendas y los complementos de tu armario tienen que estar visibles por completo. Cuando llegues al punto de haber organizado todo de nuevo, disfruta de esa sensación de orden y organización. Sentirás un tremendo alivio porque toda esa ropa que guardabas y no usabas, además de ocupar tu preciado espacio en el armario, también suponía una carga mental cada vez que la veías y pensabas: «Tengo que ordenar este armario».

En cierto modo, al hacer sitio en nuestro armario y dejar solo lo que de verdad nos sirve, nos quitamos una preocupación de la mente (una preocupación diaria, puesto que te vistes cada día) y dejamos espacio en el armario y en la cabeza para centrarnos en lo realmente importante, que es elegir cómo queremos mostrarnos al mundo cada día.

Enhorabuena, en este momento ya has superado la parte más complicada y estás a muy poco de conseguir la mejor versión de tu imagen.

CAPÍTULO

Las compras

Ha llegado el momento de salir de compras, pero antes debemos llevar a cabo un trabajo previo muy importante, que es algo que no hacemos de forma habitual: planificar.

Debemos considerar el proceso de actualización de nuestra imagen como un plan compuesto por diferentes pasos que nos llevarán a conseguir nuestro objetivo. Dentro de este plan están las compras, pero antes está la etapa de identificar qué necesitamos. Por lo general, acudimos a las tiendas sin tener claro qué necesitamos (también llamado: «Voy a dar una vuelta a ver qué encuentro») y terminamos comprando ropa que nos gusta en ese momento, muchas veces influenciados por nuestro estado de ánimo, pero que no soluciona las carencias de nuestro armario.

Cuando no planificamos las compras, adquirimos prendas de tendencia y nos olvidamos de los básicos, que son el fundamento de la mayoría de nuestros looks, lo que nos hará volver al eterno «no tengo nada que ponerme», «no sé con qué combinarlo» o «siempre llevo la misma ropa». Te resulta familiar, ¿verdad? Pues vamos a impedirlo.

La solución mejor y más eficaz para evitarlo es tener un PLAN, de manera que toma nota de las siguientes preguntas y respuestas para empezar a crear tu propio listado de compras:

1. **¿Qué quiero conseguir?:** Un armario con prendas que te favorezcan (con tus colores y formas), que sea funcional (tiene que estar adecuado a tu estilo de vida actual tanto personal como profesional) y que tenga siempre múltiples opciones y looks varios (prendas versátiles).

2. **¿Cómo?:** Completando la ropa que tienes ahora con lo que te falte para conseguir los objetivos marcados en el punto anterior. En tu listado necesitarás incluir básicos, complementos y algunas prendas de tendencias actuales.

3. **¿Cuánto?:** Determina cuál va a ser la inversión que quieres hacer en este momento para actualizar el armario. Fija el importe que quieres gastar en ropa antes de salir de compras.

4. **¿Dónde?:** Si sabes qué necesitas y cuánto quieres invertir, es muy sencillo determinar posibles tiendas en las que sepas que tienen la ropa que necesitas. Establece una fecha concreta, reserva varias horas y crea una ruta de tiendas lo más cómoda posible (en el mismo barrio o en un centro comercial) para optimizar tanto tu tiempo como tu energía.

Debes tener claras las cuestiones anteriores para crear tu listado antes de salir de tiendas. Ir de compras de forma consciente, con un plan específico y con el fin de actualizar nuestro armario para una temporada larga es una labor que requiere una inversión de tiempo y energía considerables. A la mayoría de mis clientes les aconsejo ir de compras dos veces al año, coincidiendo con el cambio de temporada (invierno/verano). Si es necesario ir alguna vez más, no hay ningún problema, pero debe ser algo muy esporádico y para comprar alguna prenda que no habíamos planificado, bien porque surge un evento inesperado o porque hay alguna tendencia que encaja a la perfección en nuestro vestidor y queremos incorporarla.

Listado de compras

Crea una lista en papel o bien en tu teléfono móvil, y anota en ella todas las prendas de ropa que faltan en tu armario una vez que hayas terminado la reorganización y toda la ropa esté en su lugar. Es importante que diferencies entre básicos y prendas de temporada: los primeros serán los que te servirán de forma habitual para tus looks y que podrás utilizar en infinidad de ocasiones, mientras que los segundos corresponden a ropa que es tendencia en un momento dado, que utilizamos de forma más esporádica y cuya vida útil es mucho más corta que la de los primeros.

Veamos de forma más detallada las diferencias y cuáles son las prendas básicas y las de temporada; muchas veces, el fallo principal cuando vamos de compras es centrarnos más en las prendas de temporada (porque visualmente son más llamativas y muchas tiendas ponen más el foco de atención en estas) que en los básicos:

> **Prendas básicas:** Son atemporales, nunca pasan de moda, pueden combinarse con mucha facilidad con otra ropa y sus colores son lisos y neutros. Estas prendas son las que componen nuestro fondo de armario y, aunque algunas de ellas son las mismas para todas las personas, otras dependen del estilo de vida de cada uno (elegiremos unas u otras cuando creemos nuestro fondo de armario). Por ejemplo: una camisa blanca, una americana negra o un pantalón vaquero de color azul son básicos comunes para la mayoría de las personas.

> **Prendas de tendencia:** Son las que tienen unas características concretas definidas por la industria de la moda para un determinado periodo de tiempo. Estas prendas se identifican, por ejemplo, por un tipo

de estampado como el *animal print*, el ancho de las prendas (*oversize*, *skinny*...) o algún tipo de adorno que puedan llevar. Por ejemplo: pantalón de campana, vaquero roto o desgastado, abrigo muy ancho (*oversize*), colores fluorescentes, etc.

A la hora de revisar tu armario, recuerda que lo importante es que esté compuesto por prendas básicas (fondo de armario) y que lo completes con prendas de temporada. Un buen fondo de armario nos dura años y, por tanto, la inversión inicial que hacemos a medida que pasa el tiempo la vamos amortizando.

Revisa toda la ropa que tienes, identifica qué echas en falta, piensa qué prendas podrían resultarte muy útiles para cada día e incluso empieza a ver looks que te gustaría crear y qué necesitas para ello. En el momento de crear tu listado para hacer las compras, asegúrate de que incluyes en él toda la ropa necesaria para tener un fondo de armario útil y acorde a tu estilo de vida. El fondo de armario o los básicos se adaptan a cada persona según sus necesidades, pero para que puedas tomarlo como referencia a continuación te facilito algunos ejemplos de prendas que pueden componer un fondo de armario femenino y masculino.

Fondo de armario femenino

1. Camisa blanca.
2. Camisetas básicas (blanca, negra o gris).
3. Traje completo en color neutro.
4. Pantalón vaquero.
5. Falda en color neutro.
6. Jersey de punto / chaqueta de punto.
7. Prenda exterior (abrigo, tres cuartos, trenca...).
8. Pantalón de vestir (chino, *palazzo*, capri...).
9. Vestido negro (*little black dress*).
10. Zapato negro (con la altura de tacón más cómoda para ti).
11. Zapatilla deportiva (para looks *casual*).
12. Bolso (adecuado para uso diario).

Fondo de armario masculino

1. Camisa blanca.
2. Camisetas básicas (negra, blanca o gris).
3. Traje completo.
4. *Blazer*.
5. Pantalón vaquero.
6. Pantalón tipo chino.
7. Jersey de punto.
8. Abrigo, trenca, tres cuartos...
9. Zapatos de color negro.
10. Zapatillas deportivas.

Importante

Recuerda que este no es el listado de las compras que tienes que hacer, sino solo un ejemplo de las prendas que pueden componer un fondo de armario a las cuales tendrías que dar prioridad cuando vayas de compras si aún no las tienes. Pero es importante que el fondo de armario lo adaptes a ti y a tu estilo de vida.

Seis características que debe cumplir una prenda para incluirla en el apartado «Fondo de armario» dentro de tu listado de compras:

> **Color y forma:** Deberá tener un color y corte perfecto para ti.

> **Atemporal:** Puedes utilizarla en cualquier momento con independencia del tiempo que pase desde que la compres, puesto que no corresponde a ninguna tendencia.

> **Calidad:** La ropa que incluyas en tu fondo de armario la vas a usar muy a menudo y durante varias temporadas. Por tanto, debe ser de buena calidad para que no se desgaste por el uso habitual.

> **Combinable:** Este tipo de prenda es fácilmente combinable con mu-

chas otras de las que tienes en el armario.

> **Versátil:** Deberías poder utilizar la ropa que forma parte de este grupo de prendas esenciales en diferentes ocasiones, tanto para el ámbito social como para el profesional o personal.

> **Favorita:** Este último punto es de los más importantes, y es que toda la ropa que esté dentro de tu fondo de armario tendrás que elegirla minuciosamente, buscando y probando hasta que de verdad, cuando te pruebes una prenda y te mires en el espejo, digas: «¡Sin duda alguna, esto es para mí!». Toda la ropa que da vida a tu fondo de armario tiene que encantarte, porque vas a utilizarla muy a menudo y va a formar parte de tu imagen habitual.

De hecho, todos tenemos esa ropa que nos ponemos semana tras semana hasta que se gasta, momento en el cual nos da muchísima pena deshacernos de ella por lo útil que nos resulta cuando no sabemos qué ponernos. ¿Te suena ese vaquero que te queda perfecto y que usas en todo tipo de looks? ¿O esa americana que hace muchísimos años que tienes, pero al ser negra básica y favorecer a tu silueta la tienes siempre presente a la hora de elegir qué ponerte? Pues el fondo de armario deberá estar compuesto por más prendas como estas que ya tienes,

pero que además cumplan las características que acabamos de mencionar.

De nuevo hago mucho hincapié en que fijes como prioridad máxima a la hora de elaborar tu listado de compras
el fondo de armario. Este te ayudará muchísimo cuando
tengas que crear combinaciones, pero, además, estas
prendas harán la función de nexo entre casi toda tu ropa
y serán un elemento imprescindible para que puedas
componer múltiples combinaciones de ropa añadiendo
simplemente alguna prenda de temporada y más accesorios y complementos a tus básicos.

Cuando entramos a una tienda de ropa nos llama
mucho más la atención la ropa de temporada por el
tipo de color que tiene, el corte novedoso que además
estamos viendo repetidamente en publicaciones o en
redes sociales, o solo porque es ropa que no hemos tenido nunca y nos gustaría tener. En cambio, si vemos
una camisa blanca o una falda gris, no nos resulta algo
novedoso y posiblemente hasta nos parezcan aburri-
das, mientras que la ropa de temporada nos da la sensación de frescura y, por tanto, terminamos comprando
casi siempre lo que es tendencia y nos olvidamos de los
básicos.

¡Error! Además, ya has visto que es uno de los motivos
principales de tener un armario lleno de ropa y, aun así,
nada que ponernos. Veamos: piensa por un momento con
qué combinarías ahora mismo una camisa blanca. Estoy
seguro de que se te ocurren muchas posibilidades y tam-

bién de que podrás utilizar la camisa blanca con casi todas las prendas que tienes en el armario.

También intenta crear conjuntos con un pantalón vaquero, un pantalón negro o un abrigo azul. ¿Verdad que resulta sencillo y no ves mayor complicación?

Muy bien, pues ahora piensa en una camiseta amarillo flúor, en unos pantalones con estampado floral y en una bomber con *animal print*, e intenta crear varias combinaciones con ellos. Sin duda que se puede, pero resulta mucho más complicado hacerlo con estas últimas prendas y, sobre todo, limita mucho más tus posibilidades. Con esto no quiero decir que no tengas prendas de temporada o tendencia, por supuesto: son imprescindibles en nuestro armario y son con las que mejor podemos plasmar nuestra personalidad en nuestra imagen. Pero por experiencia, tras analizar, revisar y crear muchos listados de compras para mis clientes, veo importante resaltar que lo primero es tener atendida la parte de prendas básicas y a partir de aquí completar nuestro armario con la ropa de tendencia.

CÓMO CREAR UN LISTADO DE COMPRAS EFECTIVO

Sin ninguna prisa empieza a crear tu listado de compras para que cuando vayas a la tienda tengas muy claro qué necesitas. Recuperarás de forma exponencial todo el tiempo que inviertas en este momento en crear una lista bien pensada cuando salgas a la calle y tengas muy claro adónde ir y qué buscar. Para que te resulte lo más sencillo posible, te facilito esta estructura que yo mismo suelo emplear cuando hago un listado de compras para mis clientes. Puedes elaborar la tuya tal cual o simplemente usarla a modo de ejemplo y modificarla todo lo necesario para adaptarla a ti:

Prendas superiores

› Camisas formales: _____

› Camisas *casual*: _____

› Camisetas lisas: _____

› Camisetas estampadas: _____

› Jerséis: _____

› Chaquetas de punto: _____

› Otros: _____

Prendas inferiores

› Pantalones formales: _____

› Pantalones chinos: _____

› Vaqueros: _____

› Faldas: _____

› Pantalones cortos: _____

› Otros: _____

Conjuntos / vestidos

› Traje (americana + pantalón): _____

› Traje (americana + falda): _____

› Vestidos *casual*: _____

› Vestidos formales: _____

› Monos: _____

› Otros: _____

Prenda exterior

› *Blazer*: _____

› Abrigo: _____

› *Trench*: _____

› Cazadora: _____

› Chaleco: _____

› Anorak: _____

› Otros: _____

Calzado

› Zapatos formales: _____

› Zapatos *casual*: _____

› Zapatos de tacón: _____

› Zapatos planos: _____

› Botas: _____

› Botines: _____

› Sandalias: _____

› Deportivas: _____

› Otros: _____

Complementos

› Corbata: _____

› Bufanda: _____

› Fular: _____

› Cinturón: _____

› Bolso tamaño grande: _____

› Bolso tamaño medio: _____

› Bolso tamaño pequeño: _____

- › Mochila: _____
- › Maletín: _____
- › Portadocumentos: _____
- › Otros: _____

Accesorios

- › Gafas de sol: _____
- › Gemelos: _____
- › Cartera/billetera/tarjetero: _____
- › Pendientes: _____
- › Collar/gargantilla: _____
- › Pulseras: _____
- › Anillos: _____
- › Otros: _____

Varios

- › Ropa interior: _____
- › Prendas deportivas: _____
- › Otros: _____

Puedes añadir más o menos apartados y agregar o quitar las prendas que creas conveniente, pero con un listado similar a este solo te queda especificar el tipo de ropa que falta en tu armario. Por ejemplo, en las prendas superiores tienes las camisas formales, y dentro de estas tendrías que especificar el tipo: camisa blanca, camisa azul, azul con rayas blancas, etc. Sigue hasta que hayas anotado toda la ropa que te falta (incluyendo aquella que has quitado porque estaba muy usada y que sería interesante sustituir por una versión actual).

Como vimos en un capítulo anterior, tu armario debe estar compuesto por ropa que sea útil para tu estilo de vida. Por tanto, una guía muy buena para saber qué tipo de ropa comprar es tener en cuenta el porcentaje de tiempo que dedicas a cada ámbito de la vida y asignar ese mismo porcentaje a la cantidad de ropa que deberías tener en tu armario. Por ejemplo:

> El 50 % del tiempo estás en tu ámbito profesional - intenta tener ese porcentaje de ropa profesional.

> El 25 % lo dedicas a tu vida social - mismo porcentaje de ropa *casual* o de fiesta.

> El 10 % haces deporte - cantidad de ropa deportiva que debería contener tu armario.

> El 10 % estás en casa - es el porcentaje de ropa para estar cómodo en casa.

> El 5% lo dedicas a otras actividades – el resto de las prendas (eventos especiales o similares).

Se trata de adecuar tu ropa a tu vida; de esta forma siempre tendrás una variedad suficiente para cada ámbito. Por lo general, la ropa que utilizamos para ocio o vida social nos resulta más interesante y sencilla de comprar que la que llevamos al trabajo. Pero muchos días de la semana nuestra ropa de trabajo es la única que utilizamos y dejamos la ropa de ocio para el fin de semana o momentos más puntuales de la semana; por tanto, de esta última deberíamos tener menos cantidad que de la primera.

La creación de un esquema indicando el porcentaje que ocupa cada área dentro de tu vida te dará una idea global de cómo debería ser tu armario para que resulte funcional y práctico.

Hagamos una pequeña recopilación de lo que hemos visto hasta este momento en relación de las acciones más importantes que debes llevar a cabo antes de ir de compras:

1. Revisa tu armario para ver qué prendas, complementos y accesorios necesitas.

2. Da prioridad a los básicos.

3. Anota todo en tu listado de compra.

> **4.** Verifica que la cantidad y variedad de ropa se corresponde con cada área de tu vida.

Y falta por definir algo muy importante...

¿CUÁNTO VAS A INVERTIR EN TUS COMPRAS?

Una vez que ya tienes claras las prendas y los complementos que necesitas comprar, solo te queda establecer el presupuesto que tienes para ello. Fija una cantidad con la que te sientas cómodo y que sea realista, puesto que esta tiene que ir acorde al número y tipo de prendas que necesitas.

La primera vez que llevamos a cabo nuestra actualización de imagen la inversión es mucho mayor que en ocasiones posteriores.

Recuerda que no debemos ver nuestra ropa como algo que usamos una temporada y de lo que nos deshacemos. De hecho, ya hemos visto que nuestras prendas de fondo de armario tienen que servir para varias temporadas y, por tanto, si en este momento vas a salir a comprar ropa de invierno, será necesario hacer cierta inversión, pero el próximo año, cuando de nuevo llegue la temporada de invierno, ya tendrás un abrigo, los trajes, los pantalones, etc., del año anterior y la inversión que harás será mucho menor.

A medida que pasa el tiempo, los clientes con los que trabajo desde hace años necesitan comprar menos cantidad de ropa y, por tanto, podemos invertir más en cada prenda y comprar mejor calidad, con lo que llegan a tener un armario perfecto tanto en calidad como en cantidad. La primera vez que salgas de compras para completar tu armario, procura adquirir todo aquello que necesitas para que sea funcional, pero a partir de aquí y en sucesivas compras, cada vez que amplíes o sustituyas prendas de tu fondo de armario piensa más en la calidad que en la cantidad. Además, cuando compremos algo de buena calidad cuyo precio no es económico, nos aseguraremos de que sea algo que vamos a utilizar a menudo, que nos queda bien y que además nos gusta. La definición de «caro» y «barato» aplicada a prendas de ropa es muy relativa. Por ejemplo, un par de zapatos muy económicos pero de mala calidad, que nos hacen daño la primera vez que los usamos, no volveremos a utilizarlos; si acaso, los usaremos en contadas ocasiones. Sin embargo, si los zapatos que usamos son cómodos y además estéticamente nos gustan, los usaremos en infinidad de ocasiones y por tanto amortizaremos nuestra inversión. Una fórmula para saber si una prenda resulta cara o no es la siguiente:

Precio dividido por el número de veces que usamos la prenda.

Lógicamente, es aplicable a ropa que usamos de forma habitual y no a un accesorio que utilizamos para una boda o un vestido para eventos puntuales. Pero tenla en mente porque puede servirte cuando dudes si algo es caro o no. Por ejemplo, los bolsos de algunas firmas conocidas tienen una vida útil tan larga que pueden pasar de una generación a otra, y a medida que pasa el tiempo vemos que esta inversión llega a ser rentable. Una vez que hayas determinado el importe que quieres invertir en esta primera compra, revisa la lista para, de forma orientativa, saber qué porcentaje del presupuesto vas a asignar a cada una de las secciones de la lista. Este deberá ser mayor para prendas de fondo de armario (incluido determinado calzado) y menor para ropa de tendencia. Si tienes claro cuánto quieres gastar en tus compras, anótalo al final de la lista y vamos a por el siguiente paso.

CÓMO LLEVAR A CABO TUS COMPRAS: LA RUTA DE TIENDAS

Una vez más, la clave está en la planificación. Seguir estas pautas antes de salir a las tiendas te facilitará mucho la tarea posterior:

› **Organízate:** Crea una ruta con las tiendas que tienes pensado visitar y selecciona las que estén próximas para ahorrar tiempo y energía en desplazamientos. Puedes optar por ir de compras a una zona de algún barrio donde las tiendas estén seguidas o en calles contiguas, o bien otra opción es ir directamente a un centro comercial con todas ellas.

› **Ordena según la cantidad:** Las primeras tiendas que deberías visitar son esas en las que vas a comprar un mayor número de prendas; deja para el final otras de las que solo necesites una prenda o un número pequeño de ellas. Por ejemplo, en mi caso, cuando organizo una ruta de tiendas con un cliente, dejo la compra de calzado para el final, puesto que la cantidad que hay que probar es menor y requiere menos esfuerzo. Una vez pasado cierto tiempo, las ganas y la energía disminuyen de forma considerable; por tanto, es mejor atender la tarea difícil al principio.

› **Web:** La mayoría de las tiendas tienen su página web con la posibilidad de ver las prendas online. Para avanzar trabajo antes de ir a la tienda, revisa qué ropa tienen e incluso no estaría de más que intentaras localizar varias de las prendas que necesitas comprar. Cuando encuentres prendas que encajen con lo que estás buscando, anota la referencia; de esta forma, cuando vayas a la tienda solo tendrás que pedir que te la faciliten. Además, si no tienen exactamente la referencia que has elegido, es muy probable que puedan ayudarte para encontrar algo muy similar.

› **Tiempo:** Llevar a cabo las compras de forma coherente y eficaz requiere tiempo. Reserva varias horas de un día para ir de compras o, mejor aún (según mi experiencia), una mañana o una tarde completas.

Es importante que compres toda la ropa que necesitas en un mismo día (máximo dos), porque esta es una fase del proceso de actualización de tu imagen que debes llevar a cabo de forma íntegra para lograr tu objetivo y después no invertir más tiempo ni dinero en compras. Como decíamos antes, a lo largo del año podemos hacer alguna compra puntual de ropa, pero la compra más importante deberíamos hacerla de forma semestral (coincidiendo con el inicio del otoño-invierno/primavera-verano) y olvidarnos así de las compras hasta la temporada siguiente.

Si divides las compras en varios días, nunca encontrarás el momento perfecto para ir de tiendas, no tendrás tan presente todo lo que necesitas y también, nos guste o no, a medida que pasa el tiempo la motivación va disminuyendo. Por tanto, fija un día y la hora de comienzo, pero no la hora de finalizar, ya que habrás terminado una vez que tengas toda la ropa que habías anotado en tu listado, con independencia del tiempo que inviertas en conseguirlo.

› **Compras online:** Si tienes muy claro cuál es tu talla en una tienda y ves algunas prendas de las que tienes en tu listado, puedes pedirlas online. Pero hazlo antes del día que hayas fijado para ir de compras, porque si las pides y te sirven, puedes quedártelas, pero, de lo contrario, puedes aprovechar el día que salgas a las tiendas para cambiarlas.

Recomiendo las compras online solo si estás seguro de la talla, conoces los tipos de corte de la marca y además, en mi opinión, solo son interesantes para cierto tipo de ropa. Por ejemplo, con las prendas de fondo de armario es imprescindible que pruebes varias, compares y después elijas, pero viendo físicamente cómo te quedan y teniendo en cuenta la sensación que te producen cuando te miras en el espejo.

Uno de los riesgos que tienen las compras online es que algo de lo que nos llegue no nos quede del todo bien y por no tener que devolverlo nos conformemos y lo metamos en el armario (o que digamos: «Ya lo cambiaré»). Recuerda que para que una prenda entre en nuestro armario y después la usemos tiene que quedarnos perfecta, y además tenemos que sentirnos bien cuando la llevemos puesta. Todo esto no quita para que hagas ciertas compras online, pero cosas muy puntuales. Para el resto es necesario hacer la planificación previa e ir físicamente a la tienda para probar y decidir.

Día de compras

Ha llegado el día de salir de compras y materializar todo el trabajo previo. Lleva contigo el listado y este día opta por un look cómodo con ropa que sea fácil de quitar y poner. Vas a tener que probarte muchísimas prendas y ya sabes lo agobiante que es esa sensación de estar en un vestidor lleno de ropa y tener que luchar al mismo tiempo por desabrocharte cordones, quitarte el jersey, colgar tu ropa...

Lleva un tipo de calzado lo más cómodo posible, que sea fácil de quitar y poner, y además procura que la ropa de tu look sea neutra para que puedas combinarla con facilidad cuando te pruebes una prenda nueva. Un look perfecto para ir de compras sería una camisa o camiseta blanca y un pantalón vaquero; de esta forma, todos los pantalones que te pruebes combinarán perfectamente y no te harán creer que no son aptos, cuando lo que ocurre es que la ropa que llevas no es adecuada para combinarla con ellos. Y lo mismo cuando te pruebes prendas superiores: si llevas un vaquero, todo lo que te pruebes conjuntará a la perfección y podrás centrarte solo en si es adecuado o no para ti.

Afronta este día de compras con optimismo: ya estás en la fase final de crear la mejor versión de ti mismo. Es importante que te enfrentes a tu jornada de compras con muchas ganas e ilusión, y, sobre todo, no dejes que el cansancio pueda contigo. Mentalízate antes, porque en un momento determinado estarás ya cansadísimo de ver ropa o incluso harto porque no logres encontrar alguna prenda y pienses en desistir. No lo hagas bajo ningún concepto: la recompensa y satisfacción que sentirás una vez que vuelvas a casa con tu listado completado merece mucho la pena.

Cuando llegues a una tienda, empieza seleccionando ropa de un máximo de dos categorías de tu listado. Por ejemplo, si decides comenzar por las camisas, elige varias y pruébatelas todas seguidas. Y es que el ojo necesita cierto tiempo para acostumbrarse a ver las diferencias. Probarte varias prendas del mismo tipo seguidas te facilitará mucho la decisión de cuál elegir, puesto que tendrás la imagen de la prenda anterior presente y podrás comparar y optar por una u otra.

Seleccionar la ropa te resultará mucho más sencillo ahora que sabes qué colores son los adecuados para ti y cuál es el corte que más te favorece.

Importante

Toda la ropa que compres tiene que ajustarse a la perfección con lo que ya tienes en el armario y en especial si se trata de básicos de fondo de armario. Por tanto, cuando estés probándote una prenda, piensa en cómo vas a combinarla tanto con el resto de la ropa que vas a comprar como con la que ya tienes. Si te pruebas o ves una prenda y solo se te ocurre una única forma de conjuntarla, piénsalo dos veces antes de comprarla, porque eso significa que no es una prenda versátil y por tanto vas a poder utilizarla en muy pocas ocasiones o combinándola siempre de la misma forma. Y cuando te preguntes: «¿Con qué voy a ponerme esto?», añade al final de la pregunta: «... que no sea un vaquero», porque con un pantalón vaquero combinan la mayoría de las prendas y por este motivo está entre los básicos del fondo de armario. Pero no lo utilices como excusa para comprar una prenda, puesto que no vas a llevar todo el tiempo un pantalón vaquero.

Piensa lo mismo cuando estés probándote alguna prenda inferior. Pregúntate con qué prendas combina y añade al final «... que no sea una camisa o camiseta blanca».

La talla es otro de los puntos importantes que tener en cuenta cuando vayas de compras. Deberá ser simplemente una guía para elegir una prenda antes de probártela, pero no la descartes porque en la etiqueta ponga que es mayor o menor que la que crees que es tu talla, ya que esta puede variar incluso dentro de una misma tienda dependiendo del corte de la prenda o de la forma de tu cuerpo. No compres ropa por talla, sino porque es perfecta por color y forma para ti, y además te sientes bien cuando la llevas. Nada más, olvídate de la talla.

Es poco frecuente que las personas que tenemos una misma talla tengamos la misma estructura ósea y forma corporal. Una tendrá el hombro más ancho y menos cintura, otra persona tendrá más pecho y cintura definidos, o muchas otras variantes que podemos encontrar, puesto que cada cuerpo es diferente. Una opción muy interesante es llevar a un taller de arreglos si encontramos una prenda que nos queda perfecta, nos gusta y es la que hemos incluido en nuestro listado, pero tiene algún pequeño detalle que nos plantea la duda de si llevarla o no.

Por ejemplo, tengo algunos clientes que hacen mucho deporte y tienen la espalda muy ancha, los hombros definidos y la cintura muy estrecha. En el caso de las camisas, las espaldas y hombros corresponde a una talla L o XL; sin embargo, la cintura es una M. Encontrar una prenda con esta variación de medidas es casi imposible, pero con un pequeño arreglo queda una prenda igual que si la hubiésemos hecho a medida. Incluso en muchas ocasiones el arreglo lo podéis hacer directamente en la tienda y ahorrar tiempo en desplazamientos. Por tanto, cuando planifiques el presupuesto, deja siempre una pequeña cantidad para arreglos, ya que será una forma magnífica de conseguir que la ropa se adapte a la perfección a nuestro cuerpo.

Por último, guarda todos los tíquets de compra juntos y cuando llegues a casa no quites ninguna etiqueta hasta que estés totalmente seguro de todo lo que has comprado, y pruébate de nuevo la ropa. Es esencial que seas consciente de que todo el proceso de actualización de tu imagen te está sacando de tu zona de confort, estás descubriendo y llevando a la práctica una nueva manera de gestionar tu imagen y, por tanto, también debes darte la oportunidad de probar prendas de ropa que antes no utilizabas o que simplemente decidiste hace muchos años que no te gustan y nunca más volviste a probarte.

Tener una mente abierta te acercará a nuevas opciones para conseguir una versión mejorada de tu imagen tanto personal como profesional. Cuando estés probando ropa en el vestidor, si el tipo de prenda está en tu listado, el color es de tu gama y el corte también es el adecuado, solo te quedará decidir si te gusta o no. Pero recuerda que siempre que nos probamos ropa con la que no nos hemos visto antes frente al espejo, la mente dirá «Sí, pero...». No, no hay ningún pero; simplemente es falta de costumbre. Al cabo de unos días te preguntarás por qué no habías integrado antes en tu armario esa prenda. Ya te conté que a mis clientes, en un principio, les costaba verse con este tipo de prendas, pero al cabo de pocos días terminaban convirtiéndose en sus prendas favoritas.

Una vez que hayas hecho las compras de todo lo que habías incluido en tu listado, estarás agotado. Pero de esto te recuperarás enseguida, y los beneficios que obtienes permanecerán para que puedas disfrutarlos cada día:

> A partir de ahora puedes olvidarte de las compras durante muchos meses y, sobre todo, no tendrás que salir corriendo en el último momento antes de un evento porque no tienes nada que ponerte.
> Tienes una visión muy clara de toda la ropa que tienes y, por tanto, las opciones de elegir looks serán mayores.
> Al ser una cantidad significativa, tendrás muy claro el dinero que has invertido en ropa. Esto no sucede cuando compras la ropa poco a poco. Cuando compras un día un pantalón, al cabo de un tiempo una camisa y pasados unos días una camiseta, al no ser una cantidad de dinero elevada, no la tenemos en cuenta al momento. Sin embargo, si sumamos todo lo que compras al cabo de un año, es muy probable

que sume mucho más del importe que inviertes haciendo las compras principales de una sola vez.

› Toda la ropa que has comprado te queda bien, la necesitas, es combinable con la ropa que ya tienes y además te gusta porque, si has hecho todo el trabajo anterior, habrás comprado ropa que de verdad es de tu estilo, tanto en el ámbito personal como profesional.

REBAJAS

Las rebajas son el momento perfecto para comprar las prendas cuyo precio habitual te resulta elevado; tendrán un descuento importante. Una buena opción es aprovecharlas para comprar prendas de fondo de armario y, de esta forma, ir completándolo con ropa atemporal y de buena calidad.

El periodo de rebajas sería uno de los que mencionábamos como compra puntual fuera de nuestra compra de ropa de temporada. Además, lo interesante es que, teniendo en cuenta la planificación de nuestra imagen y de nuestras compras, optes por prendas rebajadas de la temporada anterior, en las que el descuento será mayor.

Por ejemplo, cuando lleguen las rebajas de verano, puedes aprovechar para comprar algún jersey de *cash-*

mere o una prenda de abrigo de calidad. Entiendo que no suena nada apetecible probarte o comprar un jersey en pleno verano, pero la temporada estival pasará y cuando llegue el invierno tendrás de nuevo muchos meses por delante para darles uso.

Estas ropas de buena calidad y muy rebajadas suelen ser restos de temporada y, por tanto, puede que te resulte algo más complicado encontrar tu talla. Así pues, antes de que empiecen, ten claro qué vas a comprar para ir en los primeros días, cuando hay un mayor número de tallas disponibles. Y recuerda que tienen que ser prendas que fuera del periodo de rebajas no podrías adquirir por su precio elevado y que realmente necesitas en tu armario.

«Voy a dar una vuelta a las rebajas a ver qué encuentro» es una frase que tendríamos que dejar de utilizar a partir de ahora. A las rebajas hay que ir sabiendo qué necesito, cómo lo quiero y cuánto quiero invertir en ello. Para cerrar ya este capítulo de las compras, te sugiero ir a las tiendas solo y a tu ritmo, pero, si quieres pedir a una persona que te acompañe en tu ruta de compras, puedes hacerlo, aunque antes tendrás que indicarle todo el tiempo que vas a dedicar y la energía que esto implica también por su parte.

Puede ser de gran ayuda para ti que te echen una mano a la hora de encontrar la ropa, ir a por otras tallas o para darte su opinión sobre cómo te queda la ropa que te estás probando. Aunque hay algo que debes tener en cuenta: cuando le pides a otra persona su opinión, esta está basada en sus gustos personales y de hecho te dirá «ME (a mí) gusta» o «no ME (a mí) gusta». Por tanto, no siempre es una opinión objetiva y, aunque, por supuesto, esté hecha con la mejor de las intenciones para ayudarte, en algún caso puede llegar a crearte cierta confusión.

Gracias a todo el trabajo que has hecho hasta este momento, tu nivel de conocimientos y claridad sobre qué prendas necesitas es muy elevado: has analizado tu imagen, determinado los colores, identificado tu forma corporal y el tipo de prendas que más te favorecen, reorganizado el armario y creado tu listado de compras. Todo esto te da una visión muy clara de qué ropa necesitas comprar y cómo tienen que ser las prendas para encajar a la perfección con tu armario y tu estilo de vida. Esta visión puede no ser la misma que la de la persona que te acompaña, aunque una buena opción es que hagáis de forma conjunta todo el trabajo de actualización de vuestra imagen desde el principio y que os motivéis mutuamente. De esta forma, cuando vayáis de compras, la ayuda que os prestará la otra persona será muy útil, puesto que estará en igualdad de conocimientos y condiciones.

Si has logrado llegar hasta aquí, te doy una vez más mi más sincera enhorabuena: estás ya casi al final del proceso y te queda solamente un último paso para conseguir tu mejor versión.

CAPÍTULO

Tu nueva versión

Una vez que has comprado toda la ropa que necesitas, es el momento de integrar tus nuevas adquisiciones con la ropa que ya tenías.

Este último paso deberás llevarlo a cabo cuando tengas también la ropa que estaba pendiente de arreglos, tanto las prendas de cuando hiciste la reorganización de armario como estas nuevas que estaban pendientes de ajustes.

Tu armario debería estar ya completo. Este el momento perfecto para hacerlo realmente funcional y obtener el máximo beneficio de todo el trabajo que has hecho, puesto que tienes muy claro toda la ropa que tienes, para crear varios looks que puedas utilizar en diferentes situaciones tanto laborales como de ocio.

Lookbook

Crear un *lookbook* o catálogo con distintas combinaciones de ropa te resultará de gran ayuda en momentos en los que no tengas tiempo para elegir qué ponerte; así, de un vistazo, podrás escoger entre varias opciones que ya has creado antes y en unos minutos estarás listo.

Ten paciencia porque combinar las prendas de ropa es una habilidad que, igual que cualquier otra, se desarrolla practicando. Al principio puede resultarte complicado o incluso tedioso crear looks, pero llega un momento en el que disfrutas haciéndolo, porque verás que cada vez te resulta más sencillo.

Puedes hacer tu catálogo de looks de varias formas, dependiendo del tiempo que tengas y de cuál de ellas te resulte más útil. Sí que te recomiendo que sea en formato digital, porque de esta forma puedes llevarlo siempre en el móvil y consultarlo en cualquier momento.

No necesitas nada especial para comenzar a crear tu catálogo de looks: cámara de fotos o teléfono móvil, iluminación suficiente y un espacio para poner la ropa y los complementos para poder hacer las fotografías. Puede ser un galán de noche, perchas con un sitio donde colgarlas para que se vea todo el look completo o simplemente puedes poner todo sobre la cama y asegurarte de que si haces una foto también se vean los zapatos del conjunto.

Crea solo dos secciones dentro de tu catálogo de looks: personal y profesional. Empieza por cualquiera de las dos, aunque seguro que las combinaciones para tu jornada laboral te resultarán más sencillas porque estarán dentro de unos códigos. Si, por ejemplo, llevas habitualmente traje a tu trabajo, pon el traje en el lugar que hayas elegido para hacer las fotos, elige una camisa, corbata, cinturón, gemelos (en caso de utilizarlos) y un par de zapatos que vayan acorde.

Haz una o varias fotos y vuelve a colocar toda la ropa en su sitio, porque de lo contrario en muy poco rato puedes tener un gran caos y te resultará complicado seguir trabajando. Inmediatamente puedes continuar y crear el siguiente look. Por ejemplo, opta por unos pantalones tipo chino y colócalos donde vayas a hacer la foto. ¿Qué vas a utilizar como parte superior, camisa, camiseta...? Cuando lo tengas decidido, sitúala sobre el pantalón chino procurando que el orden de la ropa esté en la misma posición que lleva sobre el cuerpo y elige qué americana o jersey combina con estas dos prendas. Para terminar, selecciona los complementos y accesorios (zapatos, reloj, bolso...) y haz una foto a todo el conjunto. Intenta hacer el máximo de combinaciones con una prenda para conseguir el mayor número de looks posibles. Una vez hecha la foto puedes dejar el pantalón chino y la camisa, y buscar otro jersey que funcione con el conjunto, probar otro tipo de zapatos, añadir o quitar complementos, etc.

Tú mismo te darás cuenta de si el look que has creado es coherente y tiene armonía visual. Además, a medida que avances, te resultará más sencillo verlo, y, cuando la combinación de ropa funcione, inmediatamente dirás: «¡Esta sí!». Será el momento de hacerle la foto e ir a por la siguiente combinación.

Puedes hacer el número de looks que creas conveniente, pero procura que no sean menos de veinte. Alcanzarás este número con facilidad: con todo el trabajo que has hecho hasta este momento tu armario debería permitirte crear un número mucho más elevado de combinaciones. Determina tú mismo la cantidad de looks que te gustaría tener en tu catálogo, pero te animo a hacer el máximo posible para que también te sirva como entrenamiento y desarrollo de la habilidad de combinar ropa.

Antes de comenzar, puedes consultar diferentes fuentes de información (revistas, redes sociales, webs de moda, etc.) para así obtener ideas muy interesantes que te inspiren. Si alguna combinación te llama especialmente la atención, puedes crear algo similar con la ropa que tienes en el armario. Como te indicaba al principio de este capítulo, puede que cuando empieces a hacer las combinaciones te resulte complicado. Es normal. Hazlo a tu ritmo y sin prisa hasta que crees los primeros looks que de verdad te convenzan. La única forma de aprender es practicando. Verás que, poco a poco, vas a desarrollar cada vez más la habilidad a la hora de combinar prendas, crear looks nuevos y, sobre todo, a prestar atención y dedicar tiempo a crear tu mejor versión.

Es necesario que hagas las fotos: aunque cuando hacemos las combinaciones de ropa creemos que nos vamos a acordar de todo el conjunto, llegado el momento de elegir ropa (por lo general con prisa) es casi imposible recordar todas las prendas, los accesorios y los complementos de cada look. Además, una vez que hayas creado un catálogo de looks, tendrás un control absoluto de toda la ropa y los complementos que tienes en tu armario, y esto te dará muchísima agilidad cuando tengas que decidir qué vas a llevar en un momento puntual. No volverás a decir: «Ni me acordaba de que tenía esto», porque, si no te acuerdas, es que no lo usas, y si no lo usas es por algún motivo que a estas alturas tú mismo ya puedes determinar.

¡Lo has conseguido!

En este libro te he facilitado todos los pasos necesarios para que consigas la mejor versión de tu imagen conforme a mi experiencia con todos los clientes que han confiado en mí como asesor de imagen y quienes han logrado sus objetivos al expresar a través de su imagen quiénes son y qué pueden aportar.

A medida que avances en los pasos que hemos visto, anota, subraya, toma notas (muy importante) y marca todo lo que creas necesario: este libro está creado para que lo hagas tuyo. Si dedicas el tiempo y el esfuerzo necesarios, te aseguro que vas a conseguir un cambio significativo en tu imagen exterior y muy probablemente también en la interior y en la percepción que tienes de ti mismo, porque te conocerás mucho mejor. Y es que todos tenemos una imagen clara de cómo nos gustaría vernos cuando nos miramos en el espejo; y es la que tú vas a lograr cuando hayas llevado a cabo todo el proceso.

Nuestra imagen es algo que nos acompaña cada día, que muestra a los demás quiénes somos e incluso qué podemos aportar dentro del ámbito profesional. Preocuparnos de nuestra imagen no es algo superficial, porque la conexión que existe entre cómo nos vemos y cómo actuamos es absoluta.

En este momento ya dispones de todas las herramientas para conseguir la mejor versión de tu imagen. Solo depende de ti lograrlo. Confía en ti mismo, porque el resultado merece mucho la pena y estoy seguro de que lo vas a conseguir.

¡Adelante!

Bibliografía recomendada

› GIUSTO, Sylvie di, *The Image of Leadership*, Executive Image Consulting, 2014.

› HALLER, Karen, *The Little Book of Colour: How to Use the Psychology of Colour to Transform Your Life*, Penguin books, 2019. [Hay trad. cast.: *El pequeño libro del color: Cómo aplicar la psicología del color a tu vida*, trad. de Darío Giménez Imirizaldu, Gustavo Gili, 2021].

› HENDERSON, Veronique y Pat Henshaw, *Color Me Beautiful: Expert Guidance to Help You Feel Confident and Look Great*, Hamlyn, 2010.

› LI KIN, Pang, *Professional Image: Your Roadmap to Success*, Marshall Cavendish Corp, 2010.

› MALTZ, Maxwell, *The Magic Power of Self-Image Psychology*, Prentice Hall, 1964.

› MORRISON, Patti, *First Impressions: Dressing for Impact*, CreateSpace Independent Publishing Platform, 2015.

› SOLOMON, Lauren, *Image Matters!: First Steps on the Journey to Your Best Self*, Motivational Press, Incorporated, 2013.

Webs consultadas:

› https://www.realmenrealstyle.com/
› https://manofmany.com/
› https://lookiero.co.uk/
› https://theconceptwardrobe.com/